ÉDITIONS SAINT-SÉBASTIEN

-2016-

LA DÉCHRISTIANISATION
SES CAUSES

CHAPITRE PREMIER

La Déchristianisation : les Institutions sociales.

Lorsqu'on jette un coup d'œil rétrospectif sur les vingt-cinq dernières années de notre histoire nationale, il est impossible de se dissimuler que ce pays traverse l'une des crises les plus terribles et les plus douloureuses qu'il ait jamais vues. On se demande avec effroi quel en pourra bien être le dénouement.

C'est là, du moins, l'impression de tous les hommes qui réfléchissent et ont quelque prévoyance politique, et je crois même que quelques-uns de ceux qui nous gouvernent ne réussissent pas toujours à s'y soustraire. Mais comment pourraient-ils enrayer un mouvement dont ils sont les premiers et principaux auteurs ?

La foule, elle, semble ne rien voir, et il doit en être ainsi dans une démocratie inorganique comme la nôtre ; elle va à ses affaires, court à ses plaisirs comme de coutume, et cela lui suffit ; elle n'est pas faite pour résoudre des problèmes dont elle connaît à peine le premier mot.

Les catholiques eux-mêmes, outragés dans leur foi, frappés dans leurs intérêts et dans leur liberté religieuse, soupçonnent à peine les raisons profondes de la révolution dont ils sont les premières victimes, le but où l'on veut les conduire et les chemins par où ils seront contraints de passer. On leur a dit que le monde était en travail d'un ordre nouveau, et, comme tout enfantement est douloureux, beaucoup prennent leur parti des misères présentes, dans l'espoir d'arriver à cette sorte d'éden qu'on leur promet.

On leur a parlé, il est vrai, de socialisme, et des esprits chagrins voient dans ce seul mot une menace. Mais il en est d'autres qui envisagent les choses sous un jour meilleur et que l'état nouveau que l'on veut constituer, n'effraie point outre mesure. Il y a des socialismes d'espèces très différentes ; les chrétiens sociaux ne se rapprochent-ils pas des socialistes proprement dits, alors même que ces derniers sont représentés par les syndicats rouges? Les divergences s'atténueront ; les intérêts les plus opposés finiront par s'entendre, et la paix publique renaîtra parmi nous.

C'est là aussi notre espoir et surtout notre désir ; mais l'œuvre de pacification ne s'opérera pas sans nous, ou plutôt, si nous nous en désintéressions, elle s'opérerait contre nous, au détriment du christianisme et de l'Eglise et par suite au détriment des vrais intérêts sociaux. Cette prétendue pacification serait une œuvre d'oppression et de mort: *Dicentes pax, pax, et non erat pax.*

Pour porter remède au mal, il faut d'abord le connaître ; nous nous proposons de l'étudier dans ses profondeurs intimes, de pénétrer jusqu'à l'âme de ce pays et de lui demander le secret de ses souffrances. C'est donc une analyse de psychologie sociale que nous entreprenons ; elle sera longue afin d'être plus concluante : nous essaierons du moins de la rendre telle.

I. — LES INSTITUTIONS SOCIALES.

Parmi les institutions qui intéressent la vie d'une société, on est parfois porté à considérer de façon trop exclusive celles qui ont un caractère politique. Ce n'est pas, certes, que ces dernières n'aient une souveraine importance, et on le verra bien par ce que nous en dirons plus tard. Des catholiques fort peu clairvoyants professaient naguère, à ce sujet, un indifférentisme beaucoup trop absolu, que les événements ont dû ébranler quelque peu. Lorsque ces institutions ne ré-pondent·pas aux vrais et actuels besoins d'un peuple, à ses aspirations naturelles, aux instincts et aux habitudes que les siècles lui ont faits, à sa manière d'être enfin, il y a dans cette contradiction foncière, dans cette inadaptation de l'organisme politique à des exigences incompressibles, un principe de troubles incessants ou même de révolutions périodiques.

Cependant, les institutions politiques ne sont pas tout le corps social; elles en forment comme l'ossature, ce qu'il y a de plus apparent, ce qui donne à tout le reste sa consistance et sa force.

Mais à l'abri de cette ossature, ou, si l'on aime mieux, sous la protection des pouvoirs publics, fonctionnent d'autres organismes, tout aussi indispensables, des institutions plus sacrées et plus intangibles, que Taine appelait les *corps spontanés et nécessaires*.

La funeste Révolution du XVIIIe siècle a habitué l'esprit français à placer en face de l'Etat, ou des pouvoirs politiques, de simples individus, disons mieux, l'individu isolé et comme égaré et perdu dans son isolement même. Mais c'est là une abstraction, une idéalité créée par l'esprit révolutionnaire, qui ne se rencontre point dans la nature vivante, dans le monde concret et organisé par Dieu lui-même, au moins quant à ses éléments essentiels. Le simple individu, l'isolé, est contraint par les lois vitales et les nécessités sociales, de chercher autour de lui la compagne de son existence, la future mère de ses propres enfants. L'un et l'autre nous apparaissent à un foyer fondé par eux, entouré d'un bien familial plus ou moins étendu, cul-

tivé par leurs soins, arrosé et fécondé de leurs sueurs.
De leur union sortent des enfants, prolongement de
leur être, qu'ils élèveront avec tendresse ; la mère les
nourrira tout d'abord du meilleur de sa substance, de
cet aliment subtil et doux qu'elle leur aura préparé
avec les palpitations de son cœur. Pendant ce temps,
le père arrondit, à force de soins, de patience et de
persévérants labeurs, le domaine, grand ou petit, sur
lequel ils vivront et qu'il leur transmettra en mourant.

Nous voyons se constituer ainsi spontanément et
s'organiser, par la force des choses, la première institution sociale, la cellule génératrice de tout le reste, la
famille.

Ce n'est pas l'Etat qui l'a formée ; elle a précédé
l'Etat, et, en se développant elle-même, comme nous le
dirons tout à l'heure, elle l'a constitué, en le rendant
nécessaire. Nous entendons bien dès lors que l'Etat
devra respecter tous les éléments constitutifs de cette
institution primordiale, le droit de l'époux et du père,
le lien qui l'attache à la femme qu'il a choisie, les
droits et la situation de celle-ci, l'union des deux avec
tous ses caractères essentiels, les droits des enfants
nés de cette union, en un mot toutes les conditions
d'existence de cette trinité créée, le père, la mère et
l'enfant. Parmi ces conditions d'existence, il en est
une tout à fait indispensable, la propriété, le droit à
posséder le toit qui l'abrite, le domaine qui la nourrit,
les fruits du travail associé de tous ses membres. Et,
répétons-le avec insistance, tout cela subsiste avant
l'Etat et en un certain sens indépendamment de
l'Etat, quoique au sein de l'Etat ; car, à vrai dire,
l'Etat et les pouvoirs publics n'ont été établis que pour
protéger tout cela, pour rendre possibles et plus aisés
tous les légitimes et nécessaires agrandissements de
l'institution familiale.

Cette institution en engendre d'autres ; elle a en

elle-même une puissance de fructification qui la multiplie. A côté du foyer paternel, les enfants fondent leur propre foyer, qui deviendra fécond à son tour ; c'est une germination qui bientôt aura recouvert une vaste région, tout un pays. Et à mesure que les familles se multiplient et s'étendent, le sol lui-même est modifié et fécondé par leurs travaux. Ses produits deviennent plus abondants ; l'industrie s'en empare pour leur faire subir les modifications désirables et les rendre véritablement utiles. Aujourd'hui, mille puissantes machines, inventées par la science, actionnées par ces deux grandes forces, la vapeur et l'électricité, transforment les produits bruts que le travail tire du sein de la terre, et leur donnent des propriétés aussi variées que nos goûts et nos fantaisies elles-mêmes. Des moyens de transport d'une vitesse inouïe les jettent sur tous les points de l'univers, les entassent d'abord sur les marchés de nos grandes villes, d'où ils se répandent dans les moindres bourgades.

Mais, pour protéger cette production indéfinie, cet outillage industriel, ces échanges commerciaux, des institutions sont nécessaires ; elles naissent et s'organisent d'elles-mêmes, pourvu qu'elles ne soient pas contrariées par l'Etat. Ces institutions se multiplient selon les besoins ; l'initiative privée suffit à les créer et à les faire vivre. L'Etat ne devrait avoir vis-à-vis d'elles, qu'un droit de contrôle mesuré sur les services qu'il leur rend et la protection qu'il leur doit. Vous appellerez ces institutions du nom qu'il vous plaira, syndicats, corporations, chambres de commerce, ou plus simplement institutions agricoles, industrielles, commerciales, à cause des trois catégories de fonctions qu'elles remplissent. Nous pourrons les ranger parmi les corps *spontanés et nécessaires* dont nous parle Taine dans son histoire *Des Origines de la France contemporaine*. Sans doute, elles ne sortent pas aussi immédiatement que la famille, de la nature propre de l'être humain ; le droit naturel les régit moins directement aussi, et elles sont susceptibles de modifications qui ne sauraient trouver place au foyer domestique. Cela ne veut pas dire cependant que ces institutions ne soient soumises à bon nombre des prescriptions du droit naturel, ainsi que nous l'expliquerons bientôt.

Il résulte déjà de ce que nous venons de dire, que l'activité sociale d'un peuple ne s'arrête point à ses frontières ; elle a sa répercussion bien au delà, comme elle-même reçoit les contre-coups de tout ce qui se fait chez les voisins. Aujourd'hui surtout, les intérêts nationaux se mêlent, s'entrelacent, et cependant ils ne se confondent point. Chaque peuple a les siens, sur lesquels il doit veiller, car ils ont besoin de protection et de défense.

Cette protection indispensable détermine la création de deux institutions qui, sous des formes différentes, se retrouvent partout, la diplomatie et l'armée. L'action de l'une commence où finit l'action de l'autre : la diplomatie prévoit et écarte les conflits ; quand ceux-ci éclatent, elle négocie encore et essaie de les adoucir et d'y mettre fin. Echoue-t-elle dans cette tâche parfois bien ardue, l'armée mobilise ses bataillons, les pousse à la frontière et oppose leurs masses serrées aux envahissements de l'ennemi. Ces chocs sont parfois terribles, on ne les déplorera jamais assez ; mais il est bien inutile de prétendre les empêcher en toute occurrence. Le seul ou du moins le plus sûr moyen de les rendre rares, c'est encore, quoi qu'en dise un pacifisme aveugle, d'être prêt à les subir et assez fort pour en sortir victorieux.

Ces institutions si diverses et si nombreuses ont besoin, précisément à cause de leur variété et de leur multiplicité, d'être reliées entre elles, de se rapporter toutes à un but unique, la conservation du corps social, de laquelle dépend leur propre existence à elles-mêmes. Cette union ne se peut faire qu'à une condition, c'est que toutes se rattachent à un organe suprême, qui remplira dans la société le rôle, la fonction, du cerveau ou de la tête dans le corps humain. Cet organe suprême, c'est le pouvoir politique, chargé de commander à ces institutions subordonnées, mais sans les absorber, de diriger leurs mouvements, mais non de les entraver. Et c'est ainsi que le pouvoir politique sort de l'organisation sociale : il la couronne et l'achève, après s'être perfectionné comme elle et avec elle. Les deux se tiennent et demeurent toujours, quoi qu'on fasse, dans une dépendance réciproque ; aussi le plus sûr moyen de désorganiser une société, c'est de la frapper à la tête.

II. — LES INSTITUTIONS : LEUR PRINCIPE VITAL.

Tous ces organismes que nous venons de décrire seraient parfaitement inutiles, s'ils ne fonctionnaient d'une façon normale. Et pour cela il faut qu'une force secrète circule de l'un à l'autre et les mette en mouvement. D'où vient cette énergie vitale ? A quelle source profonde s'alimente-t-elle ?

La science, au sens restreint de ce mot, celle qui ne s'occupe que des phénomènes, n'a jamais pu le dire. Elle s'interdit de rechercher ce qu'est en elle-même l'énergie vitale, soit dans la plante, soit dans l'animal, soit dans l'homme et, par suite, dans la société. Elle décrit et même analyse les manifestations de cette vie, les lois qui la régissent, et c'est tout. Mais pénétrer jusqu'à sa substance, élucider le mystère de ses origines, c'est là une sphère réservée où la science expérimentale fait profession de n'avoir rien à découvrir : cela ne la regarde pas.

Ce que l'expérimentation proprement dite feint ici d'ignorer, est au moins du ressort d'une saine et intégrale philosophie, à laquelle on ne refusait point autrefois les titres scientifiques qu'on lui conteste aujourd'hui. Cette philosophie nous apprendra que l'énergie vitale qui fait fonctionner tous les organismes sociaux s'appelle le droit ; ce nom éveille une idée d'une incomparable richesse, qui se présente à notre esprit sous les aspects les plus divers, sans s'épuiser elle-même ni nous livrer ses ultimes profondeurs. Ne disons-nous pas le droit public, le droit privé, le droit international, et aussi le droit français et national ?... et pourquoi pas encore le droit commercial, industriel, etc., etc. ? Autant de dénominations qui, à elles seules, nous décrivent la marche progressive de la même force à travers toutes nos institutions, à l'intime des organismes sociaux, depuis les pouvoirs politiques jusqu'à l'institution familiale ou domestique, cellule génératrice de toutes les autres.

Pour trouver l'origine du droit, il est nécessaire de remonter jusqu'à Dieu. Le droit est écrit dans l'essence divine elle-même ; il exprime ces idées-types entrevues par Platon, d'après lesquelles le Créateur a ordonné tous les êtres et qui sont, par cela même, la loi primordiale de tous leurs développements ultérieurs. Cette loi a passé de l'essence du Dieu Créateur dans la conscience humaine ; c'est comme le rayonnement de l'intellect divin dans notre intelligence, le sceau de notre grandeur originelle, nos lettres de noblesse à tous, ce qui nous fait des êtres moraux, capables de vertus propres et personnelles dans une liberté soumise et méritoire. Vue dans l'essence créatrice, nous appelons cette loi suprême et éternelle le *droit divin :* considérée dans la conscience humaine, nous l'appelons le *droit naturel,* parce qu'elle ressort de notre nature propre telle que Dieu l'a faite. Et c'est ce droit naturel qui de là se ramifie comme l'activité humaine elle-même, ce droit naturel qui passe en tout ce que nous faisons, dans tout ce que nous créons, et d'abord et principalement dans nos institutions sociales. C'est ce droit éternel et naturel qui devient le droit public, le droit privé, le droit international, le principe premier de toutes les législations positives, industrielles, commerciales, agricoles, militaires ou autres, le fondement de tous les codes, la force de toutes les sociétés, parce qu'il est le principe générateur et unique de cette énergie vitale qui circule dans tous les organismes constitutifs de la société elle-même.

Aussi les peuples païens les plus dégradés faisaient-ils remonter leurs constitutions jusqu'aux dieux qu'ils adoraient ; il y avait là comme un ressouvenir de l'origine divine du droit naturel, dont leurs lois étaient le plus souvent une monstrueuse altération.

Tous les dieux se sont évanouis devant le Christ ; depuis qu'il s'est dit, en effet, le Fils du Père céleste, on croit à sa divinité ou l'on ne croit plus à rien. L'un de ses premiers actes de révélateur fut de ressaisir ce droit naturel, si affreusement oblitéré dans la conscience des peuples ; il le consacre et le sanctionne, le rend plus précis, plus pressant et, si je l'ose dire, plus obligatoire en le faisant plus sacré et plus inviolable par l'adjonction de quelques prescriptions d'un ordre supérieur. Tout cela est résumé dans les chapitres évangéliques que l'on intitule d'ordinaire le *Sermon sur la montagne*. C'est, en effet, au sommet d'une petite colline de Galilée que fut promulgué ce nouveau droit public, la charte fondamentale des nations baptisées, et c'est sur lui que s'appuie notre civilisation : *in ipso omnia constant.*

Le droit public chrétien a modifié les rapports des gouvernants et des gouvernés. Certes, il y a eu depuis lors bien des tyrans et des oppresseurs ; mais, à la différence des Néron et des Caligula, ils se déguisent et dissimulent leurs projets ; ils parlent de liberté, de justice, de fraternité, de respect des petits et des humbles, des égards dus à la personne humaine. Et c'est là un langage chrétien, que l'on n'entendit jamais par delà le Calvaire et qui, même sur ces lèvres menteuses, est encore un hommage à la vérité, comme l'hypocrisie est un hommage à la vertu.

Le droit chrétien est partout reconnaissable, mais surtout à la base de l'institution domestique. Si, dans l'Europe civilisée, en Amérique et même dans une partie de l'Orient et sur les côtes de l'Afrique, il n'y a pas de harems avec toutes les horreurs de la polygamie, c'est au droit chrétien que nous le devons. Il a mis au front de l'épouse et de la mère une couronne qui est surtout faite de pudeur, de respect et de vertus morales. Du jour où cette couronne se flétrit, l'asservissement reparaît avec tous ses opprobres et toutes ses hontes ; la femme sans mœurs est bientôt la femme sans droits, sans sauvegarde ni autre avenir que d'innommables déchéances.

Le droit chrétien a transformé toutes les relations familiales ; il a fait le cœur de la mère plus aimant et plus dévoué, l'autorité du père plus douce et plus sage, la soumission des enfants plus sincère, plus respectueuse et plus reconnaissante. Le foyer est devenu plus ferme ; les sentiments de ceux qui se groupent tout autour sont moins fugitifs, plus désintéressés et plus purs, dans la mesure où ils s'inspirent du grand amour qui sanctifie tous les autres, l'amour de Dieu.

Cette stabilité du foyer domestique, créée par le droit public chrétien, s'est étendue à la propriété, fruit d'un travail plus courageux et plus persévérant, qui à lui seul suffit à la justifier. Pour tout dire en quelques mots, lorsque ce droit public est en honneur, il imprègne de sa vertu bienfaisante toutes les manifesta-

tions de l'activité sociale. Son action est surtout nécessaire à la grande industrie pour concilier dans la justice
et la charité, les intérêts des patrons et des ouvriers.
C'est lui encore qui met un peu de probité dans les
échanges commerciaux qui s'opèrent d'un bout du
monde à l'autre.

Nous rencontrons ce droit public chrétien par delà
nos frontières, chez tous les peuples vraiment civilisés ;
et chose singulière que nous aurons à expliquer tôt ou
tard, certaines nations protestantes ont gardé beaucoup plus intacte la notion du droit que les vieilles
nations dites catholiques. Les pouvoirs politiques n'y
sont point occupés, comme chez nous, à l'oblitérer, à la
détruire ; tout au contraire. Assez souvent même, ils lui
font appel, la préconisent pour lui redonner une efficacité nouvelle, ou plutôt pour lui permettre de déployer
tout à son aise l'efficacité qui lui est propre.

Chez nous, par exemple, on a légiféré tout récemment sur le repos hebdomadaire. L'a-t-on fait sous
l'empire d'une inspiration chrétienne ? Pas le moins
du monde ; si l'on eût pu rétablir la décade révolutionnaire, on n'y eût pas manqué. Du moins on s'est
bien donné garde de rendre l'interruption du travail
obligatoire le dimanche : libre aux diverses corporations de la placer le jour de la semaine qu'il leur plaira.
Jamais pareille idée ne se serait produite dans le Parle-
ment anglais ; chez nos voisins, le dimanche est rigoureusement observé par tous, ce qui n'empêche pas
le peuple anglais de demeurer l'un des plus industrieux
et le plus commerçant du monde.

C'est un souverain schismatique qui naguère proposait l'établissement d'un tribunal d'arbitrage, devant lequel les nations devraient porter leurs conflits
et essayer de s'entendre, avant de lancer leurs bataill-
lons les uns contre les autres. Je ne puis voir là qu'une
inspiration toute chrétienne ; car c'est le christia-

nisme qui a rendu plus sacrée la vie humaine et en
ordonne plus impérieusement le respect. Nos pacifistes
prêchent, eux aussi, la suppression de la guerre, mais
c'est dans le double but d'arriver à la suppression de
l'armée, et de pouvoir déchainer ensuite impunément
les discordes civiles, cent fois plus meurtrières que les
combats contre l'étranger.

Ce qui rend le droit public chrétien si précieux et
si souverainement efficace, c'est qu'il porte en lui, du
moins aussi longtemps qu'il se rattache à son principe,
une force qui assure la réalisation de ses prescriptions
essentielles. Sa notion même, dont nous avons déjà
admiré la richesse, en implique une autre, celle du
devoir. Droit et devoir, ce sont là deux idées qui ne
se séparent jamais, ou plutôt elles s'appellent et s'en-
gendrent. Le droit serait nul, inefficace sans le devoir,
puisque le devoir n'est souvent que le respect du droit
d'autrui. Or. l'accomplissement du devoir nécessite
très habituellement l'oubli de soi, qui ne nous est point
naturel; bien plus, la lutte contre l'égoïsme et les passions, qui est toujours pénible et difficile. De là vient
que tant de gens revendiquent avec une âpre fierté
leurs droits, tous leurs droits. et que si peu, au contraire, consentent à accomplir tous leurs devoirs. Le
christianisme seul engendre l'esprit de dévouement et
de sacrifice sans lequel les intérêts sociaux sont en
souffrance et l'Etat est toujours mal servi. Il fait cir-
culer ainsi dans les différents organismes qui constituent un peuple, cette énergie vitale sans laquelle ils
deviennent absolument inutiles.

III. — DÉCHRISTIANISATION.

Le moyen le plus simple et le plus sûr de désorganiser un peuple. c'est de s'en prendre à son principe
vital, de l'altérer et de le corrompre, en d'autres termes

de détruire dans la conscience publique la notion du droit. Dans leur rage de démolition, les Jacobins de 1793 ne l'avaient pas bien compris ; ils crurent plus expéditif de s'attaquer aux personnes et de procéder à des massacres immédiats. Outre que ces violences ne peuvent avoir qu'un temps, elles provoquent d'ordinaire des réactions assurées ; les générations issues des martyrs de notre sanglante Révolution, se sentirent plus attachées à cette foi catholique, pour laquelle leurs pères avaient versé leur sang.

Les Jacobins d'aujourd'hui, aussi haineux que « les grands ancêtres », comme ils les appellent, se montrent plus habiles. Leur programme est différent et plus efficace. Autant que possible et jusqu'à nouvel ordre, pas de violences contre les personnes et surtout pas de sang ; tout au plus la prison, l'amende, la confiscation des biens, la ruine ; une lente et sage laïcisation, selon l'expression consacrée. Cela consiste à chercher au sein même des organismes sociaux que nous avons énumérés, le principe qui jusqu'ici les anima et les fit mouvoir, le droit naturel et chrétien, et à le frapper du glaive de la loi, jusqu'à destruction complète. Cela fait, les institutions elles-mêmes s'en iront en morceaux. Leur dissolution sera lente peut-être, et à cause de cela même elle passera inaperçue ; le jacobinisme n'aura qu'à s'en féliciter.

Prenons seulement quelques exemples.

Voici la famille, l'institution première, fondamentale et génératrice de toutes les autres, solidifiée par le droit chrétien, consacrée par la bénédiction de l'Eglise, pénétrée de la grâce du Christ. Enlevez tous ces éléments surnaturels, le lien matrimonial qui unissait les conjoints dans la pratique des mêmes devoirs va se relâcher ; bientôt il semblera très lourd à des passions que tout surexcite et enflamme ; elles en demanderont non pas, peut-être, la suppression immédiate, radicale ;

trop d'intérêts sociaux s'y rattachent. Avant d'arriver aux unions libres, aux promiscuités purement animales, sans lendemain et sans obligations, on déclarera le contrat résiliable dans des conditions déterminées par la loi elle-même, puis au gré des deux parties intéressées ou même d'une seule des parties, celle qui a prévariqué et rompu à l'avance ses engagements. C'est celle-là que la légalité jacobine protége dans la mesure où cette légalité se substitue au droit chrétien. Mais, exactement aussi dans la même mesure, l'institution domestique s'effondre, le droit des enfants est violé, leur avenir compromis ou sacrifié, et avec eux l'intérêt social, la prospérité et l'avenir du pays. Nous le démontrerons, lorsque l'heure sera venue de suivre jusqu'au bout les conséquences fatales du divorce, fruit direct de la déchristianisation.

La propriété chancelle en même temps que le foyer ; vous dispersez les pierres de celui-ci, à quoi bon maintenir le domaine qui y est attenant ? Les parents ne le cultivaient que pour nourrir leurs fils et leurs filles ; ils ne songeaient à l'agrandir que pour le leur transmettre. Sous les excitations du divorce lui-même et des découragements qui en naissent, les affections paternelles se sont attiédies ou éteintes ; à tout le moins elles sont déconcertées et ne savent plus comment atteindre leur objet ; dès lors, le travail est sans but, comme la vie et la propriété elle-même. Une fortune considérable peut-être était en formation ; des usines s'étaient construites et voyaient affluer des foules ouvrières, ou bien, chose plus précieuse encore, c'était une grande exploitation agricole qui eût été pour toute la région une source de richesses. Un divorce a détruit tout cela ; car tout cela, en définitive, reposait sur le droit violé, le droit naturel et chrétien, auquel la légalité jacobine s'est substituée.

Pour tout ruiner, il faut moins encore en certaines

circonstances. Bannissez de l'industrie ce respect du droit qui rendait souples et aisées les relations du patronat et des masses ouvrières : bientôt vous entendrez, mêlés aux bruits des puissantes machines, d'autres bruits sourds, aujourd'hui peut-être à demi étouffés, mais qui demain se seront changés en cris de haine. C'est la grève qui déchaînera ses fureurs. Les ouvriers avaient cependant des moyens réguliers et légaux de faire entendre leurs revendications et, qui plus est, de les faire aboutir, si elles étaient justes et légitimes. La plupart l'auraient voulu ; mais les syndicats dont ils font partie sont reliés entre eux par la Confédération générale du travail, qui elle-même est opprimée par un comité central, siégeant à Paris. Le mot d'ordre est parti de là et a été imposé à tous par des politiciens, qui sont, en réalité, les pires ennemis des travailleurs. Quelques-uns de ceux-ci essaient-ils de s'arracher à cette tyrannie par la constitution de syndicats indépendants, ils sont aussitôt considérés comme des traîtres, plus haïssables que les patrons eux-mêmes. La loi, qui gardait jusqu'ici comme un reflet de justice, prétendait protéger, au moins en une certaine mesure, la liberté du travail contre l'oppression de la grève obligatoire. Aujourd'hui, elle est en train de se modifier et d'abandonner l'ouvrier laborieux aux violences des fainéants et des débauchés. Bientôt les syndicats rouges dominés par les Bourses du travail, pourront terroriser à leur aise le monde industriel tout entier.

Il est facile de le comprendre, ces perturbations affaiblissent le pays, entament sa prospérité, rendent nos industries victimes de la concurrence étrangère. Mais qu'importe aux politiciens, pourvu qu'ils puissent détruire les derniers vestiges du droit chrétien ! La laïcisation est, à vrai dire, la seule chose qui les passionne et les absorbe.

Aussi la France perd-elle chaque jour de son prestige ; sa voix n'est plus écoutée dans ces débats internationaux qui prennent chaque jour une extension, devant laquelle l'esprit du penseur et du sociologue demeure déconcerté.

Pendant ce temps, que devient notre armée, dont nous aurions si grand besoin si l'un de ces conflits mondiaux venait à éclater ? Des besognes policières, pour lesquelles elle n'est point faite, absorbent ses efforts. Si encore ces besognes policières étaient honorables ou simplement honnêtes ! Mais il n'en est rien. Naguère elles étaient dirigées contre les citoyens les plus paisibles, contre des femmes et des enfants, contre des paysans inoffensifs défendant le seuil de leurs pauvres églises que l'on venait inventorier, pour les mettre, quelques semaines plus tard, sous séquestre, en attendant de les voler. Des officiers chrétiens étaient condamnés à faire enfoncer la porte de ces sanctuaires où ils ont été baptisés, où se sont accomplis les actes les plus sacrés de leur vie religieuse. Et les hommes qui leur commandaient ces attentats sacrilèges au nom de l'obéissance militaire, sont ceux-là qui, avant d'arriver au pouvoir, ont vécu en perpétuelle révolte contre toutes les lois.

Ajoutons que cette même armée est travaillée au dedans par des ferments d'indiscipline. On y apprend au soldat le mépris de ses chefs. Quand l'officier est soupçonné de cléricalisme, en d'autres termes, quand il garde au fond de son cœur quelques croyances qu'il n'ose manifester ; pourvu qu'il ait été élevé chrétiennement ou que sa femme aille à la messe, il peut s'attendre à être victime de tous les passe-droits et de toutes les injustices. Il sera dénoncé par des espions embusqués dans la loge maçonnique la plus voisine, calomnié par des camarades et condamné avant d'avoir été entendu. Aussi la défiance est partout, et partout elle engendre le découragement, qui se traduit par des démissions parfois éclatantes ou par des retraites silencieuses et prématurées qui n'en sont pas moins amères.

L'armée est contrainte à une autre besogne encore qui ne lui convient guère : la surveillance, je n'ose dire la répression des grèves. Lorsque des troupes sont massées dans ces régions industrielles, bouleversées par les syndicats rouges, on leur donne pour consigne de tout endurer, de tout souffrir. Qu'elles s'efforcent cependant d'empêcher le pillage des maisons, l'incendie des usines, le massacre des personnes. Mais, si quelqu'un de leurs officiers tombe sous les coups de l'émeute, elles ne devront pas s'en émouvoir. Pour agir, elles attendront les ordres non de leurs chefs naturels, mais d'un préfet ou d'un sous-préfet ou autre commissaire civil. L'armée est l'un des rouages les plus faussés de notre mécanisme social. Faut-il s'en étonner ? C'est elle que redoutent surtout les démagogues, qui ne sont pas tous dans la rue, mais logent aussi dans les ministères et les palais du gouvernement.

Il me serait aisé de montrer des détraquements analogues dans toutes les autres pièces de ce mécanisme. Pas une des institutions les plus essentielles qui ne soit atteinte ; car l'énergie vitale qui les met en mouvement a été affaiblie ; cette énergie vitale, c'est le droit ; son principe producteur a été surtout frappé; ce principe producteur, c'est la notion de Dieu, qui de plus en plus s'oblitère dans la conscience nationale.

Ou plutôt, ce n'est pas seulement de la notion de Dieu qu'il s'agit ; c'est Dieu lui-même en personne, c'est le Christ que l'on persécute, que l'on chasse de partout, jusque de ces églises que l'amour de ses fils lui avait élevées si belles, si splendides, si harmonieuses. Ces églises ne sont plus à lui ; s'il y habite encore, c'est provisoirement et en qualité de locataire que l'on pourra expulser à la fin du bail, sinon avant son expiration. La clef en est chez le franc-maçon le plus rapproché, qui surveille ce qui s'y fait.

Lorsque Dieu et sa religion sont ainsi traités, au milieu d'une indifférence quasi générale, un peuple est mûr pour toutes les servitudes. La guerre à Dieu sera le principe de sa ruine ; il n'y a qu'à laisser ce principe exercer son action malfaisante, pour que toutes les institutions se dissolvent. La religion, fût-elle fausse, est nécessairement la source des meilleures énergies, de toutes les forces morales, car sous sa fausseté même elle conserve toujours quelques débris de vérités.

Mais, quand la religion que l'on cherche à détruire est le christianisme et que ce christianisme a pendant dix-neuf siècles tout imprégné de son influence : mœurs, lois, institutions ; lorsqu'il a créé la nation elle-même, qu'il a présidé à sa formation première, qu'il l'a suivie à travers toutes les phases de son développement, qu'il s'est mêlé à tous les événements dont son histoire est remplie ; l'entrelacement entre l'âme, la conscience de ce peuple et le christianisme, est tel qu'on risque bien de tuer l'un en essayant de détruire l'autre. C'est ce double attentat qui est en train de se perpétrer sous nos yeux. Lugubre et tragique entreprise qui, commencée il y a plus de vingt-cinq ans, se prolongera longtemps encore et sera pour bien des générations la source de calamités dont la seule prévision fait frémir.

CHAPITRE II

La Déchristianisation : Le Moralisme philosophique.

Lorsque des idées pareilles à celles que nous dénoncions dans notre précédente étude, s'acclimatent dans un pays, lorsqu'elles n'y soulèvent plus une réprobation assez générale, assez persistante et assez forte pour les faire reculer, on peut dire que l'âme de ce pays est malade. Son principe vital est atteint et les conséquences sociales s'en feront sentir infailliblement.

Tout cela ne s'opère pas en un jour, ni sans que des influences d'ordre supérieur aient travaillé à cette désorganisation. Chez nous, ces influences d'ordre supérieur ont été et sont encore philosophiques et scientifiques.

Sans doute la masse des citoyens, cette démocratie inorganique et amorphe que façonnent les « primaires » de la libre-pensée, n'est guère apte à faire de la philosophie et de la science, pas même de cette philosophie et de cette science perverses que naguère le bon sens français eût repoussées; mais elle est très capable d'en accepter les conclusions, surtout quand elle les sentira en accord avec ses passions et ses convoitises, à la condition qu'on les lui présente dégagées de tout appareil technique, sous des formes simples et accessibles. Or la presse est éminemment propre à cette besogne ; c'est un instrument merveilleux de vulgarisation à l'usage des ignorants, qui veulent se donner des airs scientifiques, sans rien recevoir de ce que la science a de sérieux et de véritablement utile.

Comment la philosophie a-t-elle travaillé, dans les soixante ou soixante-dix dernières années, à la déchristianisation du pays ? Je me propose de le dire dans ces quelques pages.

I. — LES MORALES LAÏQUES.

Mes lecteurs savent le rôle qu'occupa dans le mouvement des idées, au milieu du XIXe siècle, la philosophie de Cousin et de ses disciples. Nous en connaissons toutes les lacunes, plus que cela, les faussetés positives. Ce n'est point cependant cette philosophie qui a corrompu l'esprit français, au point de lui faire rejeter et haïr Dieu et d'ébranler du même coup toutes les notions morales sur lesquelles repose la société.

Jules Simon dans ses livres du *Devoir* et de *la Religion naturelle* reconnait et proclame cette loi éternelle, règle première de toutes les consciences, et il la fait dériver du Dieu créateur lui-même. Sans doute, je le répète, ses conceptions, même à ce sujet, sont loin d'être complètes, mais il n'en est pas moins vrai que, prises dans leurs lignes générales, elles sont un reflet du catéchisme que ce philosophe avait appris dans sa première jeunesse.

Plus tard des esprits inférieurs, et plus audacieux à raison de leur infériorité elle-même, entreprirent d'arracher la loi morale à son principe premier et naturel, Dieu. Et encore, qu'on le remarque bien, leur prétention, bien illusoire il est vrai, était de conserver assez intacte cette loi morale, sans presque y rien changer ; ils la reconnaissaient comme nécessaire à l'existence de toute société civilisée. Aussi leur système s'appelat-il d'un nom qui exprime assez bien tout cela, le moralisme. Ces hommes ne l'avaient point inventé, ils n'étaient que des plagiaires qui empruntaient tout à Kant.

Le premier, je crois, qui a essayé de vulgariser le

moralisme est le traducteur des œuvres les plus importantes du philosophe allemand. C'est Barni, écrivain de troisième ou quatrième ordre, attaché d'abord comme secrétaire à la personne de Cousin, dont il finit par se séparer. Après s'être nourri pendant longtemps de la *Critique de la raison pratique*, il l'adapta aux besoins de la démocratie moderne dans des conférences faites à Genève, qu'il appelait ses *Sermons laïques*. Ce livre eut peu de retentissement et il est, certes, de peu de valeur ; mais les idées qu'il préconise n'en ont pas moins fait leur chemin, en devenant bien plus fausses qu'à leur origine. Je remarque, du reste, que toutes les doctrines perverses qui ont eu cours au sein de notre troisième république et qui, en réalité, la gouvernent, nous sont venues d'hommes médiocres, mais fanatiques. Et c'est ce fanatisme, mis au service de leurs idées, qui en a assuré le succès.

Quoiqu'il en soit, le moralisme de Barni se présenta tout d'abord sous des formes que l'on estimerait, aujourd'hui, beaucoup trop conservatrices. Comme Kant, il gardait toutes les sanctions de la loi morale, y compris Dieu lui-même, qui apparaissait comme le couronnement nécessaire du susdit moralisme. Mais la grande innovation de Barni, ou plutôt de Kant, c'était de faire reposer tout ce moralisme sur la raison pratique, érigée en maitresse impérieuse et infaillible, aux arrêts de laquelle tous devaient se soumettre. C'est ce que l'on appelait l'*impératif catégorique*. L'homme *tout seul* s'oblige ainsi lui-même, trouve en lui et *en lui seul* la *raison* de ses devoirs, *la racine unique* des obligations qu'il consent à reconnaître, la règle de ses actes et la loi de sa vie. L'homme étant partout le même, cette loi prend dès lors un caractère universel : « Pense et agis toujours, avait dit Kant, de telle façon que ta maxime et ton caractère puissent servir de modèle à l'humanité tout entière. » Dès lors

une sociologie devait sortir de là, on le croyait du
moins, en même temps qu'une morale individuelle ; et
c'est cette sociologie dont Barni dessinait les grandes
lignes dans ses *Sermons laïques*, dont la préface est
datée de Genève 1868. On était quasi à la veille des
terribles événements politiques qui devaient boule-
verser la France, et ouvrir nos frontières aux idées alle-
mandes qui se sont établies à demeure au milieu de
nous.

Kant et Barni n'étaient que des inconséquents, des
illogiques, trop prudents ou trop peureux pour aller
jusqu'au bout de leurs principes. Si l'homme est à lui-
même sa loi, la raison première et dernière de toutes
ses obligations et de tous ses actes, que vient faire ce
Dieu placé à l'extrémité de cette construction logique
comme un simple postulat dont on peut, en définitive,
se passer ? Vous avez fait abstraction du Dieu créateur
de la vie ; s'il faut vous en croire, la raison théorique
pourrait seule se livrer légitimement à la recherche de
nos origines. Mais d'après vous aussi, cette raison théorique est absolument incapable d'arriver sur ce point
à aucune certitude. Le principe de la vie se dérobe à
toutes nos investigations ; nous sommes obligés dès lors
de chercher la loi de la vie dans la vie elle-même, et la
voici d'après Guyau, l'auteur de la *Morale sans obligation et sans sanction* : « Maintenir, accroître, intensi-
« fier la vie, tout est là. Depuis le premier tressaille-
« ment de l'embryon dans le sein maternel jusqu'à la
« dernière convulsion du vieillard, tout mouvement
« de l'être a eu pour cause la vie et son évolution ;
« cette cause universelle de nos actes, à un autre point
« de vue, en est l'effet constant et *la fin*. » Ne cherchez
rien au delà, par conséquent ; « vous ne trouveriez
qu'un monde idéal, sur lequel personne n'est d'accord ». Dieu n'est plus qu'une hypothèse que chacun
peut concevoir comme il lui plaira. Qu'on en tire, si

l'on veut, une règle de conduite ; mais, observe Guyau, « cette loi étant une simple conséquence de mon hypo- « thèse, je n'y suis rationnellement obligé qu'aussi « longtemps que l'hypothèse me parait la plus proba- « ble ; la plus *vraie, pour moi*. On obtient ainsi une « sorte d'impératif rationnel et *non catégorique*, sus- « pendu à une hypothèse. » (*La Morale sans obligation et sans sanction*, p. 164.)

Cet impératif *hypothétique* de Guyau semble être la contradiction de celui de Kant ; en réalité, celui-ci a engendré celui-là.

C'est ce qu'a montré, sans y songer peut-être, l'édi- teur, le panégyriste et le beau-père de Guyau, M. Al- fred Fouillée, dans l'ouvrage le plus curieux peut-être que nous ayons sur le moralisme ; il est intitulé : *Cri- tique des systèmes de morale contemporains*.

Alfred Fouillée est, comme Guyau, un grand démo- lisseur ; de tous les systèmes qu'il passe en revue, aucun ne tient debout, pas plus celui de Littré et de Taine que celui de Vacherot ou de Renouvier, ou bien encore celui de Schopenhauer. A plus forte raison la morale spiritualiste, ou encore la morale esthétique et mystique seront-elles repoussées. Mais Fouillée réserve ses coups les plus redoutables pour la morale kantienne, à la- quelle il consacre un tiers de son fort gros volume. Toutes les parties du moralisme kantien sont sou- mises à une dissection rigoureuse, et toutes se dissol- vent sous le scalpel de l'implacable critique. Ce dernier a, bien entendu, son système, qu'il essaiera de subs- tituer à tous les autres, celui des *idées-forces* ; mais nous pouvons lui prédire un sort pareil à celui de tous les précédents. L'édition du livre de M. Fouillée, que nous avons sous les yeux, est de 1893 ; les élucubra- tions sur la morale, qui ont paru depuis, sont très nom- breuses et d'apparences variées. Le fond demeure à peu près le même ; s'il s'est développé, je n'ose dire, enrichi, c'est sur un point que nous toucherons avant de finir, le déterminisme (1).

De ces entassements de systèmes se détruisant les uns les autres, se dégagent au moins trois ou quatre morales, qui s'entremêlent, de manière à devenir plus malfaisantes encore. La première qui se présente à nous, c'est la morale du plaisir.

Rappelons que, pour tous ces philosophes moralistes, il n'y a pas de Dieu dont l'existence nous soit absolument assurée. Y a-t-il une âme ? oui, mais comment est-elle faite ? nous n'en savons rien ; c'est le Noumène de Kant, et dès lors rien ne nous empêche de la concevoir comme bon nous semble. Ce qui est certain, c'est que nous avons un principe vital comme le chien ou un animal quelconque ; seulement il est doué de propriétés un peu différentes, qu'il est de mode d'appeler supérieures. Pour ce motif sans doute nous nommons morale, la loi qui dirige notre action vers un but.

Les êtres vivants, à quelque espèce qu'ils appartiennent, recherchent ce qui satisfait leurs appétits, car cette satisfaction elle-même engendre une émotion agréable, un plaisir. La jouissance, le plaisir, voilà donc la loi de la vie, le résumé de toute la morale qui s'intitule hardiment, ou plutôt simplement, la morale du plaisir.

D'autres, plus sages que les partisans de la morale du plaisir, nous feront observer que, si dans l'homme il y a des instincts bons, des appétits honnêtes, il en est aussi de mauvais et de déréglés, absolument nuisibles aux sujets eux-mêmes qui en sont affectés, et que par suite il n'est pas possible de leur permettre, encore

---

(1) On pourrait consulter sur ces élucubrations plus récentes l'opuscule de M. Franon : *Les Fondements du Devoir.*

moins de leur promettre toute satisfaction. Les te-
nants de la morale du plaisir répliqueront, sans doute,
que tout cela est affaire d'appréciation purement sub-
jective. Dès lors que ces instincts réputés mauvais
appartiennent à la nature, et en sortent d'une façon
incompressible, pourquoi les appelez-vous mauvais et
voulez-vous les comprimer ? Donnez-leur, au contraire,
de l'élan et de la liberté ; laissez-les chercher leur satisfaction ; ils s'apaiseront d'eux-mêmes quand ils l'auront trouvée, et cesseront immédiatement de paraître
dangereux.

Abstenons-nous de dirimer ici cette controverse, qui
n'est pas près de finir, et disons que les adversaires de
la morale du plaisir lui opposent celle de l'*utilité*. Pour-
suivre ce qui est utile, ce qui accroît et intensifie sa
vie, voilà tout l'homme ; il n'a ici-bas aucune autre
obligation. A première vue cela semble plus acceptable,
disons plutôt, moins abject que la théorie des jouisseurs ; mais les difficultés s'accumulent sitôt que l'on
en vient à l'application. Comment discerner dans la
multiplicité et la complexité des choses, celles qui sont
réellement utiles ? Qui fera ce discernement et surtout
d'après quel *criterium* sera-t-il fait ? Si vous aban-
donnez à chacun, et il le faudra bien, je crois, d'après
le système, la faculté de se créer ce *criterium*, le plus
grand nombre le tireront de leurs appétits, de leurs
convoitises ; et nous voilà retombés dans la morale du
plaisir.

De plus, ne craignez-vous pas que ce qui est utile à
l'un ne devienne, par le fait même et vu l'âpreté de la
recherche, nuisible au voisin. Les biens de ce monde
ne sont point infinis et s'amoindrissent en se parta-
geant. Avec le fond d'égoïsme qui est en chacun de nous,
n'est-il pas à prévoir que les uns accapareront tout ou
à peu près tout et ne laisseront rien aux autres ? Et
ainsi la morale utilitaire deviendrait, par une sorte de

dérisoire fatalité, la plus antisociale qui se puisse imaginer.

On y a pourvu ou essayé d'y pourvoir par la création d'une troisième morale, greffée sur l'instinct altruiste qui s'oppose à l'instinct égoïste dont nous parlions tout à l'heure. Je le reconnais, les deux instincts se rencontrent dans la nature. La philosophie spiritualiste dit, dans un meilleur français, que l'homme est un être social, qu'il a besoin de la société pour naître, pour grandir et pour vivre. Afin de mieux l'adapter à son milieu, le Créateur a mis en lui des inclinations généreuses, *altruistes*, si vous tenez à ce mot, qui le portent à avoir souci des autres. L'expérience de chaque jour démontre cependant que, par suite d'une révolution morale, dont il serait prématuré de parler ici, l'altruisme dans l'être humain est toujours vaincu par l'égoïsme, à moins qu'il ne soit secouru contre ce dernier par une force étrangère et supérieure. Cette force supérieure a créé, dans le monde, et y maintient encore le seul altruisme efficace, qui s'appelle la charité chrétienne. Abandonnez-vous à ses propres faiblesses, l'altruisme purement naturel ; lui aussi ne reconnaissant d'autre loi que celle qu'il lui plaira de se donner, reculera devant les sacrifices que nécessite toujours le service des autres. Bientôt il sera dévoré par l'égoïsme, qui demeurera seul et absolument triomphant.

La morale de l'altruisme est très décorative, elle sert beaucoup à faire accepter les autres en se vantant de les compléter ; au fond, et en réalité, elle ne fait que couvrir leurs misères et leurs vices, en demeurant la plus nulle et la plus inefficace de toutes.

Il en est une dernière qui absorbe, si je ne me trompe, toutes les précédentes ; elle dit équivalemment : laissez donc se développer tout à leur aise, et sans distinguer entre eux, tous les instincts naturels. Vous aurez ainsi

l'homme parfait, intégral, beau de la beauté de la
force. Il sera comme le lion au désert ; l'évolution nous
conduit là, que vous le vouliez ou non. Tout à l'heure
on parlait de sacrifices pour constituer la morale sociale. Ici encore il faudra des sacrifices, non pas le
sacrifice de soi, mais le sacrifice des autres, celui des
faibles, des impotents, des miséreux. L'humanité ne
progresse que par une sélection qui s'opère d'elle-
même ; la vie et la force vont à ce qui est fort et vivant. Ainsi se perfectionnent toutes les espèces, en
laissant leurs déchets sur la route qu'elles ont suivie.
L'humanité n'échappe pas à cette loi ; qu'elle élimine
donc, sans s'arrêter à des sensibleries injustifiées, les
mal nés, les contrefaits et les infirmes. C'est le seul, ou
du moins le meilleur moyen d'accroître et d'intensifier
sa vie, comme le veut Guyau.

Ainsi la morale, sans obligation ni sanction, aboutit
au triomphe, à la déification de la force ; elle rejoint
celle de Nietzsche ; toutes les deux contribuent à
créer le surhomme, la belle bête humaine, fière et
forte, orgueilleuse et féroce, rugissant de joie en dé-
peçant ses victimes, perdue dans la pleine et eni-
vrante satisfaction de toutes ses passions et de toutes
ses convoitises, en dehors de tout frein moral et religieux. On s'en est débarrassé en lui substituant une
autre contrainte qu'il nous faut caractériser *le déterminisme*.

II. — LE DÉTERMINISME

Ce qui tend à se dégager du fond de toutes ces phi-
losophies dites morales, c'est une sorte de monisme matérialiste, à formes équivoques et incertaines qui se

modifient un peu au gré de chacun. Nous parlions plus haut du principe vital du chien, dont l'âme humaine se distingue, sans doute, mais par de simples propriétés, bien plutôt que par la substance. La raison en est facile à trouver, c'est qu'en réalité il n'y a qu'une substance, si ce mot est encore de mise, la matière ; l'esprit ou ce que nous nommons ainsi, est une des manifestations, la plus haute peut-être, des forces contenues dans cette matière. L'univers est un immense mécanisme, dont les énergies ne varient jamais, mais se déplacent sans cesse ; c'est ce que la physique appelle la permanence des forces et la loi des mouvements. Tout ce qui se produit dans le monde s'explique par cette courte formule.

Il est bien évident que, dans ce mécanisme, tout est fatalement déterminé ; telles conditions étant données, les phénomènes prévus parce qu'ils en sortent habituellement, se reproduisent. Il en doit être ainsi, nous le reconnaissons volontiers, pour tout ce qui appartient au monde purement physique, matériel. Mais nous nous séparons absolument de nos moralistes philosophes, lorsqu'ils essayent de confondre le monde moral, règne de la liberté, avec ce monde physique et ce mécanisme purement et exclusivement matériel.

Avouons-le, ils ne sont que conséquents avec eux-mêmes : si l'âme n'est qu'un des aspects, l'une des formes de la matière, pourquoi échapperait-elle à la loi qui la régit ? Pourquoi cette loi de la nécessité ne s'étendrait-elle pas à la manifestation de ces énergies mentales ou plutôt morales, si supérieures soient-elles ? Et ainsi tous nos actes seraient déterminés ; plus de libre arbitre, ni de loi morale, ni d'actes moraux d'aucune sorte, plus de vertus ni de vices au sens habituel et vrai de ces mots ; plus de mérites ni de démérites ; toute responsabilité a disparu avec la liberté. Et sans liberté ni responsabilité, aucune religion ne saurait même se concevoir, encore moins le christianisme avec la perfection qu'il requiert de ses plus fidèles sectateurs, ni même avec la pratique de ses commandements essentiels, conditions des éternelles récompenses qu'il promet à tous. C'est de plus l'effondrement de tout l'ordre social, tel qu'il a été conçu jusqu'ici ; je vois bien que l'on fait de suprêmes efforts pour en sauver au moins les apparences et même les bénéfices ; mais ce que je crois voir encore mieux, c'est qu'on n'y réussira aucunement.

Pour les esprits distraits ou superficiels qui sont le plus grand nombre, la psycho-physiologie semble apporter un appoint considérable au monisme matérialiste. Ce n'est là qu'un trompe-l'œil, une apparence sans réalité.

L'anatomie physiologique a fait, sans doute, des expériences très délicates et très curieuses qui iront se précisant de plus en plus ; elle a constaté que les circonvolutions ou cellules de la substance cérébrale servaient, les unes à la formation des images, les autres à celles des émotions, d'autres encore à celle des volitions ; ce sont là autant d'éléments qui entrent dans la trame de notre vie psychique et la constituent en partie. Lorsque, par des moyens très connus, on anesthésie ou l'on insensibilise tel lobe du cerveau, l'opération mentale dont il est l'instrument cesse de se produire, et il n'y a rien de plus naturel. De plus, l'anatomie physiologique croit avoir découvert des centres d'association, ou comme des noyaux vers lesquels convergent les activités des cellules séparées. Enfin ces centres d'association sont reliés entre eux par des fibres de raccordement qui harmonisent leur action respective et l'unifient. De là l'ordre de notre vie mentale. Or, comme tout cela s'opère mécaniquement, ajoute le monisme, comme tout procède de la substance cérébrale, ainsi que le prouve la suspension de tous les faits psychologiques par l'insensibilisation de ses différents lobes, nos actes réputés volontaires et libres sont déterminés à la manière des autres phénomènes physiques, matériels, qui se produisent sous nos yeux. La liberté n'est qu'un leurre, une pure illusion, dont nous aimons à nous repaître pour grandir notre importance. Nous croyons nous différencier ainsi des autres rouages du mécanisme universel qui nous emporte tous, et dont l'ordre réputé moral n'est qu'une simple dépendance. En d'autres termes, le monisme matérialiste nous tient à peu près ce langage : Vous voyez ce piano sur lequel s'exécutait tout à l'heure une symphonie qui vous a ravi ; admirez la sensibilité de chacune de ses touches ; il suffit que vous en approchiez le doigt pour qu'immédiatement elle cède à votre pression et qu'elle rende un son toujours le même, toujours harmonieux et toujours exact. Si vous l'insensibilisiez par un moyen quelconque, je veux dire, si vous produisiez un détraquement, si léger soit-il, dans le ressort qui la fait se redresser et vibrer ; immédiatement le son produit par elle serait arrêté absolument ou faussé et altéré.

De plus remarquez les rapports secrets qui existent entre elle et les touches voisines ou éloignées ; toutes sont reliées, elles aussi, par des fibres de raccordement ; leurs rapports sont si bien établis que les sons produits par toutes et chacune s'harmonisent entre eux et forment le concert que vous venez d'entendre. Bien plus, ce concert peut varier indéfiniment ; il suffirait pour cela que les parties du clavier fussent mises en mouvement d'autres façons. Il est évident que toutes ces harmonies sortent du clavier lui-même, sont produites par lui, que tout cela s'opère mécaniquement, d'après des lois fatales: telle pression est exercée, telle note se fait entendre ; c'est le déterminisme le mieux ordonné, précisément parce qu'il est purement et exclusivement mécanique ; n'y cherchez pas autre chose.

Tout au contraire, répondrons-nous, le moment est venu d'y chercher autre chose, je veux dire l'exécutant derrière l'instrument d'exécution et, plus loin encore, derrière l'exécutant, le maître compositeur, Bethoven ou Mozart, le véritable, le très intelligent et très libre auteur de la symphonie entendue. Le déterminisme est dans le mécanisme qui a servi à l'exécution ; mais le choix très étudié, très approfondi et très libre est dans l'âme de l'artiste compositeur et du virtuose qui traduit sa pensée.

Le cerveau, c'est le clavier tel qu'il est sorti des mains du fabricateur souverain, le Créateur de l'homme lui-même. Supposons un instant qu'il n'y ait là rien que de mécanique. Pour faire jouer ce clavier, il faudra cependant le principe intelligent et libre qui lui est si étroitement uni. Et l'étroitesse de cette union est telle qu'elle rend défaillante et inexacte la comparaison employée tout à l'heure. L'âme a besoin du cerveau pour l'élaboration de ses propres pensées, de ses volitions ou résolutions, des impressions qui agitent sa surface. Les lobes de ce cerveau viennent-ils à être paralysés par quelques influences étrangères, les fonctions normales de l'âme sont entravées, comme le seraient celles de l'artiste qui manquerait d'instrument. Mais cela n'empêche que l'âme ne garde intactes, dans ses profondeurs intimes, ses facultés essentielles de penser et de vouloir et, sitôt que l'obstacle extérieur sera enlevé, ces facultés reprendront leurs opérations, dans lesquelles elles mettront leur liberté native. Bien plus, cette liberté est tellement inhérente à l'acte humain, complet et délibéré, que l'on n'y peut plus discerner la participation purement mécanique de la substance cérébrale : c'est le composé humain qui pense, qui veut et qui agit ; et il porte dans son action tout entière la liberté dont il est doué. Ces quelques considérations suffisent pour démontrer que les constatations anatomiques sur la nature et le fonctionnement du cerveau n'entament ni la spiritualité de l'âme ni son libre arbitre.

Le déterminisme prend deux autres formes : il est encore physiologique et même intellectualiste : il se donne comme l'application des lois de la vie considérée sous ce double aspect.

Voyons ce qu'il en est.

Kant, et c'est là le point le plus ténébreux de sa ténébreuse philosophie, avait placé dans les profondeurs insondées et insondables de l'âme, du noumène, pour parler son langage, une liberté qu'il appelait intemporelle. Mais chose singulière, cette liberté intemporelle, antérieure à notre vie d'ici-bas, et qui suppose la préexistence de l'âme, engendrait le déterminisme de tous nos actes temporels. Nous avions été libres autrefois, avant de paraître et d'agir dans ce monde ; aujourd'hui nous ne le sommes plus, tous nos actes sont déterminés.

Je ne m'arrêterai pas à discuter ces fantaisies que j'estime peu philosophiques.

Ses disciples, j'entends par là ceux qui se réclament de sa philosophie, de la raison pratique, ne l'ont point suivi dans sa théorie de la liberté nouménale ou intemporelle. Eux aussi, cependant, gardent une sorte de noumène, ce qu'ils appellent la subconscience ou la conscience subliminale qu'ils opposent à la conscience claire et vive. Ils entendent par là le tréfond de nos facultés où s'amassent impressions, souvenirs, sensations, le tout vague, confus, inaperçu et même insoupçonné et se mêlant à nos instincts naturels, à ces tendances et à ces passions multiples et, dans une certaine mesure, diverses selon les individus. C'est comme un entassement de la matière première qui, sous l'effort d'une élaboration consciente et réfléchie, entrera en se transformant dans nos pensées, dans nos volitions et nos actes délibérés.

Dans ce subconscient dont je ne nie pas l'existence, à charge de l'expliquer autrement qu'eux. les moralistes que je combats, placent tout le contraire du libre arbitre intemporel de Kant, le déterminisme, ou plutôt les causes physiologiques qui le produisent et qui. après l'avoir produit, l'introduisent dans notre vie consciente. C'est là, si je ne me trompe, tout le déterminisme physiologique. Dans ce subconscient où rien n'est délibéré, disent-ils, il y a de telles passions, des instincts si violents par leur nature même, que s'ils viennent surtout à être surexcités par quelques influences extérieures, ils emportent tout. On dirait ces courants océaniques qui se forment on ne sait où ni comment, à d'insondables profondeurs, jaillissent tout à coup à la surface, traversent les mers, passent de l'une à l'autre, et les agitent jusqu'aux extrêmes confins du monde. Pareils phénomènes se produisent dans l'atmosphère ; on ne leur résiste pas, on s'y abandonne et on s'en sert. Les grands vaisseaux qui vont en Amérique ne remontent pas le Gulf-Stream. mais l'utilisent lorsqu'ils en reviennent.

Ainsi en est-il dans la vie morale : des profondeurs du subconscient s'échappent les grandes passions qui emportent toutes les vies, par la vertu d'un déterminisme qu'il est bien inutile de vouloir arrêter.

Les plus subtils et les plus dangereux parmi ces théoriciens vont plus loin encore : voyez, nous disent-ils, le tissu de votre vie intellectuelle, vos pensées les plus étudiées et les plus réfléchies, celles qui vous fournissent les motifs derniers de vos résolutions et de vos actes; mais c'est là surtout que se remarque l'absence de liberté. D'après votre philosophie spiritualiste. vous chrétiens et catholiques, vous ne créez ni l'objet de votre pensée, ni par suite, votre pensée elle-même. Tout cela s'impose à vous. Or, c'est votre pensée qui vous fournit le motif de votre action et qui, par conséquent, la détermine. Vous croyez choisir entre deux motifs qui se présentent à vous, votre choix est illusoire : le plus pressant, ou du moins celui qui vous semble tel, pèse sur votre volonté d'un poids plus considérable et l'emporte. C'est là ce qui constitue le déterminisme intellectuel.

Toute cette psychologie nous semble très défectueuse. Et d'abord elle établit entre nos facultés une sorte d'antagonisme, qui n'existe pas du tout, et ne se remarque jamais dans aucun de leurs exercices normaux et légitimes.

Parce que mon esprit m'offre, dans une lumière nette et précise, un motif beaucoup plus que suffisant, disons, si vous voulez, impérieux à un degré suprême, de poser tel acte et que, de fait, je m'y décide, vous prétendez que mon acte est contraint. Où avez-vous vu cela ? Moi, je prétends qu'il est très libre, très volontaire, d'autant plus libre et plus volontaire qu'il est plus réfléchi et plus délibéré. Et c'est mon sens intime qui me le dit, l'introspection des ressorts cachés de mon libre arbitre, de ses élans, j'oserais dire, de ses spontanéités. Je pose cet acte, je fais cela, parce que je le veux, et je le fais avec d'autant plus d'amoureuse spontanéité, que je me sais et que je me sens libre de le faire ou de ne le pas faire.

Il y a une relation, dites-vous encore, entre mon acte et la pensée qui, elle, n'était pas libre ; la perception de son objet a été le motif que j'ai eu d'agir.

Je le crois bien ; mais en quoi cette relation opprime-t-elle ma liberté ? Elle la sert, au contraire. D'après votre système, l'acte libre serait un acte sans raison ni motif, un acte fantaisiste ou déréglé, l'acte d'un étourdi, d'un déséquilibré ou d'un fou ! Non, Dieu a mis plus d'harmonie entre les facultés humaines : ma raison ne gêne point ma liberté ; elle l'éclaire, elle la sert, et voilà tout.

Mais j'ai une autre preuve, plus convaincante encore : il arrive parfois dans ma vie la plus consciente et la plus réfléchie. que ma raison me présente des motifs d'agir tout à fait séduisants et impérieux, si impérieux qu'ils semblent, considérés sous certains aspects, supérieurs à tous les autres. Ma raison me dira, par exemple, qu'il est de mon intérêt de poser tel acte qui n'est pas de soi essentiellement mauvais. de faire telle démarche obséquieuse auprès de certain personnage dont les faveurs me seraient assurées. Et cependant cette démarche, je ne la ferai pas. je ne veux pas la faire ; ma liberté se redresse contre ma raison raisonnante et trouve en elle-même, dans le sentiment de ce qu'elle vaut. de sa dignité propre, un motif qui l'emporte sur tout le reste; j'affirme cette liberté en ne posant pas l'acte en question. Affaire de sentiment, direz-vous. Oui, si vous voulez, mais qui du coup nous jette hors du déterminisme intellectuel que je critique en ce moment.

J'irai plus loin : le déterminisme intellectuel prétend que la pensée n'est pas libre, qu'elle ne crée pas son objet, mais qu'elle le subit ; je ne suis pas libre, par exemple, de penser que deux et deux font cinq et que l'hypocrisie est égale à la vertu.

Très bien, quand il s'agit de ces évidences « contraignantes », comme celles que l'on énonce ; mais en combien de circonstances il n'en est point ainsi. Ce n'est pas moi cependant qui voudrais affaiblir la réelle objectivité de toutes nos certitudes, au profit d'un subjectivisme que j'ai toujours combattu. Non, certes, nous ne créons point, au gré de nos fantaisies, l'objet de nos perceptions soit sensibles soit intellectuelles. Les choses subsistent en dehors de nous et sans nous; mais si elles sont dangereuses et que nous ayons, comme cela arrive si souvent. une sorte de pressentiment instinctif qu'il en est ainsi. ne pourrons-nous en distraire notre esprit et nos sens, nous soustraire préventivement à leur influence, empêcher la pensée ou la sensation de se former, et écarter ainsi le motif ou le mobile qui déterminerait l'acte mauvais. J'ébauche en ce moment la théorie très simple de la lutte morale, au sein de laquelle se trempent et s'affermissent les cœurs généreux et les saints.

Ce sont ces derniers qui, par leur sainteté même, sont les défenseurs de la liberté morale et les ennemis triomphants du déterminisme, aussi bien du déterminisme intellectuel que du déterminisme physiologique.

Ces courants passionnels que l'on nous montrait sortant de la conscience subliminale, mais ils sont faits de toutes nos capitulations et de toutes nos défaillances antérieures. Ces instincts mauvais, dont nous connaissons la véritable origine, ne deviennent si impérieux que parce qu'on leur a obéi et dans la mesure même où on leur a obéi. Les excitations du dehors sont elles-mêmes très librement accueillies ; on n'a pas su et l'on n'a pas voulu établir autour de soi un rempart protecteur, fait de vigilance chrétienne et de prudente austérité. La conjonction s'est opérée entre les ennemis du dedans et les ennemis du dehors, entre les passions intimes et les séductions extérieures, et le libre arbitre a été étouffé sous l'étreinte de ces éternels conjurés. Il y a alors déterminisme dans les actes mauvais qui s'appellent et s'enchaînent en une sorte de progressivité diabolique : mais ce déterminisme a été voulu, et celui-là même qui en est aujourd'hui victime en fut hier le créateur. Sa responsabilité d'hier demeure intégrale ; celle d'aujourd'hui est diminuée dans une proportion qu'il est difficile de mesurer exactement ; additionner l'une à l'autre est une opération fort délicate dont Dieu seul est chargé, et qu'il exécutera au jour des justes rétributions où chacun de nous recevra le salaire de ses œuvres.

En attendant, le déterminisme sous sa triple forme, mécanique, physiologique et intellectuelle, a été inventé pour débrider la bête humaine et mettre à l'aise ses instincts les plus malfaisants, qui s'abriteront sous cette prétendue nécessité. Avec cette théorie, on mêlera, dans la pratique et selon l'occurrence, la morale du plaisir et la morale utilitaire. Celle-ci semble-t-elle un peu trop compromettante et ses agissements trop osés et trop brutaux, on fera appel à l'altruisme, chargé, croit-on, de faire prédominer les intérêts sociaux sur tout le reste. Quoiqu'il en soit, on arrivera fatalement, sous la poussée naturelle et incompressible du déterminisme, à la morale de Nietzsche, au triomphe de la force que l'on considérera comme le triomphe de l'altruisme lui-même. Je trouve cette marche très logique ; c'est la progression dans le faux et le mal.

L'esprit public s'y fait, s'y habitue, ou comme l'on dit encore, il s'y adapte et ne trouvera bientôt plus à tout cela rien que de fort légitime. Ainsi s'est formée une *mentalité* nouvelle, contemporaine, dont il serait assez difficile de dénombrer tous les aspects. Le plus inquiétant, au point de vue qui nous occupe, c'est même chez les meilleurs l'atténuation du sentiment de la responsabilité. Pour apprécier et juger un acte, on ne regarde plus ou presque plus la loi morale, la loi divine et éternelle qui devait le régir et dont il est la violation. Nous parlons ici évidemment d'un acte mauvais. On considère exclusivement les conditions dans lesquelles il a été posé, conditions extérieures et conditions psychologiques. Ces dernières sont de nuances fort imprécises ; chacun les devine à sa manière. Le sujet agissant s'en rend-il lui-même bien compte ? Ce n'est pas tout, on jettera un regard rétrospectif sur la série des dispositions psychologiques qui ont précédé et préparé l'acte délictueux. Une préoccupation secrète préside à cet examen, atténuer la responsabilité du sujet. Les mouvements de son libre arbitre ne sauraient être saisis en eux-mêmes ; c'est tout ce qu'il y a de plus mystérieux : les circonstances au milieu desquelles ils se produisent sont très saisissables au contraire. La relation entre celles-ci et ceux-là est certaine, évidente même ; on en conclut qu'elle est déterminante et le sujet est déchargé d'autant. Sa responsabilité s'atténue dans la mesure où l'on explique son acte; si bien qu'avec cette méthode, un acte expliqué est un acte justifié.

Qu'on le veuille ou non, c'est là une destruction absolue de toute moralité. A la morale proprement dite qui consistait tout d'abord dans l'étude et la connaissance de la loi divine, naturelle et positive, s'appliquant à nos actes, à tous nos actes, vus dans leur concret et sans exclusion, bien entendu, des conditions dans lesquelles ils se posent, a succédé ce que l'on appelle la science des mœurs. Et dans le langage philosophique contemporain, c'est quelque chose de très différent. La science des mœurs consiste à prendre connaissance des actes humains dans les conditions psychologiques et autres que je viens de décrire, en dehors et abstraction faite de toute loi morale. C'est une série de simples constatations ; aussi cette prétendue science est-elle une science de pure observation, sans aucune préoccupation métaphysique.

Nous verrons plus tard les conséquences qui en sortent.

CHAPITRE III

La Déchristianisation :
Le Naturalisme scientifique.

I. — LE NATURALISME SCIENTIFIQUE

Un professeur universitaire, esprit lucide et synthétique, nous décrivait récemment dans un opuscule remarquable [1] la sphère propre de la science, ou plutôt des sciences, au sens moderne de ce mot. Cinq ou six de ces sciences se chargent, à elles seules, d'expliquer l'univers ; c'est l'astronomie, la physique, la chimie, la biologie, la physiologie et la psycho-physiologie. Leurs procédés sont l'observation et l'expérimentation ; leur but est de constater uniquement les phénomènes, d'étudier la façon dont ils se produisent et les lois qui les régissent. Lorsque certaines de ces sciences, celles que l'on appelle expérimentales, sont parvenues à découvrir ces lois, elles deviennent maîtresses des forces naturelles elles-mêmes et peuvent reproduire à volonté les phénomènes qui n'en sont que l'application. On le voit bien pour la vapeur et l'électricité, par exemple, ces deux grandes forces qui, captivées par la science, mettent en mouvement toutes nos machines industrielles, transforment ainsi les produits bruts de notre sol et les font servir à nos besoins.

La science proprement dite, ou les sciences naturelles ont donc un champ immense et ont réalisé des merveilles. Cela les a rendues très orgueilleuses et les a portées à sortir du domaine où elles auraient dû se renfermer.

---

[1] *Le Malaise de la pensée philosophique*, par M. Cresson

J'entends bien qu'elles se vantent d'ignorer tout ce qui ne tombe pas sous l'observation directe, ou ne peut devenir l'objet d'une expérimentation ; et c'est pour ce motif qu'elles se disent positives ; le reste ne compte pas.

Ce n'est là qu'une feinte, ou, si vous aimez mieux, une attitude, que la curiosité propre à l'esprit humain ne permet pas de garder longtemps.

Prenons pour exemple la psycho-physiologie, qui a comme objet d'observation nos pensées, nos volitions ou résolutions, toutes les impressions si diverses que l'introspection découvre en nous-mêmes. Ces pensées, volitions et impressions de toutes sortes, ont un sujet, notre âme, ou plutôt notre âme et notre corps, deux substances au lieu d'une, mais si étroitement unies qu'elles ne forment qu'un seul être, un seul sujet, le composé humain. D'où viennent ces deux substances ? Quelles sont-elles et comment expliquer leur entrelacement et leur compénétration ?

De plus, tous ces phénomènes psychologiques, pensées, volitions, etc... se produisent d'après des lois. Mais d'où viennent ces lois ? Qui les a établies et quelle puissance les maintient en un perpétuel exercice ?

Tout autant de questions qui échappent aux sciences positives ou expérimentales, mais qui relèvent d'une autre, plus élevée précisément parce qu'elle s'occupe des substances et des causes, des origines et des fins, je veux dire la métaphysique.

Ici éclate un conflit irréductible ; les sciences expérimentales, dans l'enivrement de leurs découvertes, refusent à toutes les autres branches des connaissances humaines le nom même de sciences, parce que, disent-elles, « ces autres connaissances ne sauraient engendrer cette certitude dont elles-mêmes ont le monopole. La métaphysique en particulier. est tout au plus capable d'échafauder des hypothèses sur les substances et les

causes ; mais ce n'est pas là de la science proprement
dite ».

Ces affirmations sont absolument gratuites ; elles ne
reposent sur aucune preuve. Or, nous ne nous sentons
nullement obligé de nous incliner devant le physicien
ou le chimiste qui nous déclare tout uniment qu'en
dehors de ses cornues et de son laboratoire, rien n'est
accessible à notre esprit.

Au moment même où il articule cet oracle, je sens
dans mon âme, au fond de ma conscience, des vérités
morales qui éclairent ma conduite et dirigent ma vie.
Ce sont comme autant de principes dont la clarté est
si évidente que je ne saurais en douter. Elle me montre,
par exemple, qu'entre le bien et le mal existe une différence irréductible, et que l'un et l'autre ne se sécrètent
point nécessairement de je ne sais quelle glande cachée,
comme la bile sort du foie, mais que tous deux sont le
produit du libre arbitre.

Lorsque je viens à réfléchir à certains principes
d'ordre spéculatif, j'éprouve la même impression ; bien
persuadé, par exemple, que rien, en ce monde contin-
gent, ne subsiste sans cause, et que toute cause renferme, sous une formalité supérieure habituellement,
toutes les qualités remarquées dans son propre effet.
Ces deux assertions sont en un si parfait accord avec
ma raison bien et dûment consultée, qu'il me serait
impossible de les révoquer en doute, sous peine de
renier ma raison et d'opérer sur moi-même une sorte de
suicide intellectuel.

Et rien en tout ceci qui ne soit très normal, très naturel. Dieu n'a pas voulu nous emprisonner dans ce
monde physique ; notre âme est trop grande et trop
haute pour y tenir tout entière ; elle le dépasse et veut
vivre moralement et intellectuellement d'une vie pleine
et supérieure à la vie des sens. Deux facultés lui ont été
données à ce dessein, la conscience et la raison au plus

haut sens de ce mot, et c'est au fond de ces deux facultés que nous trouvons les principes dont nous parlions tout à l'heure.

Les sciences expérimentales faussées et dénaturées ont la prétention d'amputer ces deux facultés : cela fait, elles nous déclarent que l'être humain ainsi mutilé est incapable de spéculer sur les substances et les causes, sur les origines et les fins, incapable de résoudre ces hauts problèmes qui relèvent de la métaphysique et ces questions d'ordre pratique qui relèvent de la conscience.

C'est que ces sciences se sont mises au service du rationalisme et de l'incrédulité qui les ont perverties en leur annexant une sorte de métaphysique à l'envers, que M. Cresson appelle le *naturalisme scientifique*. Ce naturalisme aux apparences scientifiques rejoint, sur tous les points importants, le moralisme philosophique dont nous avons parlé dans notre précédente étude ; et ces deux puissances ainsi unies marcheront ensemble à l'assaut de toutes les vérités morales et religieuses dont le monde a jusqu'ici vécu : Dieu, l'âme et sa spiritualité, notre dépendance à l'égard du Dieu Créateur, nos fins dernières, la distinction essentielle du bien et du mal, le libre arbitre, les responsabilités qui en découlent, les notions du mérite et du démérite, les récompenses et les châtiments qui en sont les conséquences nécessaires.

Voici comment le naturalisme scientifique procède à la destruction de tout cet ensemble de réalités. Les sciences énumérées plus haut, qui se vantaient de ne jamais sortir de la sphère de l'observation simple ou expérimentale, commencent par franchir d'un premier élan ces limites. Tout d'abord elles faisaient parade d'ignorer les substances ; maintenant elles déraisonnent comme à plaisir sur la substance unique qui, à les en croire, est le principe de tout ce qui est. Nous voyons poindre à nouveau le monisme que déjà nous connaissons. La vie, si variée et si riche dans ses manifestations, est sortie de la matière brute. Le règne organique, avec tous ses embranchements et la multiplicité de ses espèces, doit être considéré comme le *processus* naturel et nécessaire du minéral. Oh ! sans doute aucune science n'a jamais pu saisir ce passage de l'inorganique à l'être vivant : on le recule dans le lointain des âges primitifs où nulle observation ne saurait atteindre. Mais le naturalisme pseudo-scientifique n'en sera que plus à l'aise pour ourdir, dans ces lointains si reculés du temps et des espaces, le roman de l'origine des choses [1].

Un autre côté du problème vaudrait la peine d'être exploré. Aujourd'hui la science est ou se prétend en possession des lois de la vie, je veux dire, des lois qui régissent les phénomènes vitaux. Elle a cent fois, mille fois expérimenté les conditions dans lesquelles ces phénomènes se produisent, les réactions qu'ils exercent les uns sur les autres. Si réellement la vie procède de la matière brute, comment se fait-il que le chimiste, par

---

[1] Nous nous trouvons sur tous ces points en parfaite communauté d'idées avec M. Cresson, qui est cependant d'un scepticisme absolu en matière religieuse. Voici quelques-unes de ses appréciations :

« L'esprit du naturalisme est l'esprit d'imprudence et d'affirmation. Donner le naturalisme pour le plus haut résultat de la science, présenter surtout ses conclusions comme indubitables, c'est donc une pure gageure : Le naturalisme est un roman à base scientifique, construit par des imaginations ardentes et sans scrupule scientifique. » (*Le Malaise de la pensée philosophique*, p. 51.)

Ailleurs M. Cresson en fournit les preuves. Écoutons-le encore un instant : « Quelques exemples suffiront à mettre en lumière ce caractère peu scientifique du naturalisme. Voici d'abord le problème de l'origine de la vie. La vie est-elle sortie automatiquement de la matière inorganique ? Y a-t-il eu synthèse vitale, génération spontanée ? La question est, dans le naturalisme, d'une importance capitale. A vrai dire, le sort même du système en dépend. Si les premières formes de la vie ne s'expliquent point par une rencontre fortuite de circonstances physiques ou chimiques, il faudra, en effet, supposer, pour rendre compte de leur apparition, l'intervention de forces qui ne seront pas mécaniques. Tout l'enchaînement de la

exemple, en manipulant de tant de façon cette matière, en lui faisant subir toutes les transformations possibles au fond de ses creusets et à travers ses alambics, n'en ait pas fait jaillir cette vie qui y est comme emmagasinée ?

Bien des fois les chimistes l'ont essayé ; tout récemment l'un d'eux croyait y être parvenu et avoir créé un être vivant ; mais ses collègues et émules se sont empressés de lui démontrer, que ce qu'il avait pris pour de la vie n'était qu'un produit artificiel sans valeur et connu depuis assez longtemps déjà. En sorte que tout est à recommencer.

Le second problème, après celui des origines, c'est le problème plus impérieux et plus angoissant encore, à cause de ses conséquences, des finalités qui se remarquent partout dans cet univers, qui se superposent les unes aux autres et s'acheminent vers une fin suprême, supérieure, plus cachée et plus mystérieuse que tout le reste. Et nous sommes tous entraînés dans ce mouvement général ; où nous conduit-il ? Où allons-nous ?

« doctrine sera brisé. — Or, consultez sur la question un savant bio
« logiste. Demandez-lui s'il y a ou n'y a pas de génération spontanée.
« Il répondra sans aucun doute qu'il n'en sait absolument rien. La
« génération spontanée, dira-t-il, n'a été constatée jusqu'ici nulle
« part. Toutes les fois qu'on a cru la découvrir, des expériences plus
« attentives et plus poussées ont démontré qu'on s'était trompé. Ce
« pendant l'impossibilité d'une génération spontanée n'est pas prou
« vée (?). Le sujet est de ceux sur lesquels la science ne peut rien dire
« aujourd'hui. Il faut attendre pour en juger. Voilà une réponse scien
« tifique. Mais, de cette réponse, le naturaliste ne veut pas se
« contenter. C'est un métaphysicien. — (Oh ! non ! et ici perce le
« scepticisme de M. Cresson.) — C'est donc un homme qui ne sait pas
« attendre... Les preuves qu'il fait valoir sont plutôt faibles. Pour
« mieux dire, il n'y en a pas. » (Loc. cit., pp. 38, 39.)

Sur l'origine de la pensée, sujet que nous avons déjà touché,
M. Cresson dit : « Il y a parallélisme entre les mouvements du cerveau
« et les représentations de la pensée. Le savant se refuse à rien ajouter,
« parce qu'il ne sait rien de plus. Le philosophe naturaliste passe
« outre. Il fait de la pensée consciente, la fonction du cerveau. Tout
« savant vraiment méthodique le désavouera donc une seconde fois. »
(Loc. cit., p. 41.)

Le naturalisme scientifique croit avoir résolu toutes ces questions si compliquées et si graves d'un seul mot : *l'évolutionisme*. Et l'évolution qu'il nous prêche est purement mécanique, faite de hasards heureux, puisque le succès les a couronnés.

Voici à peu près en quoi consiste cette conception : Dans chaque être, fait exclusivement de matière, se cache une force tendant nécessairement à se développer. Cela se constate chez les espèces végétales et animales. Les individus appartenant à ces espèces possèdent cette force mystérieuse à des degrés très inégaux. Tous sont contraints d'engager contre les conditions climatériques et extérieures, et aussi les uns contre les autres, la *lutte pour la vie*, ou pour la possession de tout ce qui sert à l'alimenter. Dans cette lutte continue, leurs organes se développent par les exercices qu'elle exige ; ils y acquièrent des habitudes qu'ils transmettent à leurs progénitures. Si bien que celles-ci s'enrichissent de toutes les expérimentations de leurs ancêtres. Il est évident que bon nombre de ces individus, et même de ces espèces, disparaissent vaincus par les plus forts, soit qu'ils aient été moins favorisés par les circonstances ou moins courageux que leurs redoutables concurrents. Mais ces disparitions mêmes servent le progrès ; les races s'améliorent en laissant leurs déchets sur la longue route des siècles. Et au bout de ce *processus*, l'homme est enfin apparu, comme le produit admirable de ces innombrables expérimentations et de ces hasards heureux. Avec ce système, on se passe tout à la fois de Créateur et de Providence ; la cellule primitive les remplace avantageusement. Ainsi parle le naturalisme scientifique.

Les vrais savants, ceux qui ont fait de l'expérimentation rigoureusement scientifique, tiennent un autre langage et jugent très sévèrement cet échafaudage d'hypothèses invérifiées et, qui plus est, invérifiables.

Nous, métaphysiciens et philosophes, nous joignons nos objections aux leurs et nous demanderons tout d'abord au naturalisme prétendu scientifique : Et votre cellule primitive, d'où vient-elle ? c'est toute la question des origines qui reparait.

Et de plus, pour renverser tout ce *processus* incohérent, servi par ces heureux hasards, qui font sourire tout homme de bon sens, ne suffit-il pas de faire remarquer, après Claude Bernard, que partout où il y a mouvement et progrès, apparaît ce que ce savant appelle l'*idée directrice*. Ces deux mots, l'idée directrice, suffisent pour donner tout de suite à la science elle-même, à toutes les sciences expérimentales, une orientation tout autre. C'est la loi de la vie qui se découvre dans cette brève formule, loi constante, parfaitement intelligible, parce qu'elle est l'expression de la pensée créatrice elle-même. Dès lors il est possible et permis de concevoir un évolutionisme rationnel et même chrétien, en ce sens du moins qu'il ne heurtera aucun dogme catholique. Vous dites que les espèces supérieures sont sorties des espèces inférieures, par un développement normal et sous l'empire de circonstances qui nous sont absolument inconnues. Pure hypothèse, qui me parait bien peu scientifique. Si pourtant vous admettez que le Dieu créateur a déposé dans ces espèces inférieures des virtualités qui n'ont fait que s'expliciter sous les influences favorables du milieu ; si, d'autre part, vous ajoutez que ce milieu favorable a été disposé à ce dessein par la bonne Providence, je n'oserai élever au nom de ma foi catholique une contradiction absolue contre votre système, que je repousse cependant à d'autres titres. Tout au plus, je vous ferais observer qu'en abordant le règne humain, vous vous trouverez en face d'un principe vital, si radicalement différent et si évidemment supérieur à celui des animaux, qu'une intervention spéciale, directe et immédiate de Dieu semblerait nécessaire, au seul point de vue scientifique, alors même que la Bible ne l'enseignerait pas en termes tellement formels qu'ils ne permettent guère d'interprétation divergente. Faire sortir l'âme humaine des espèces animales, me paraît presque aussi monstrueux et aussi impossible, que de faire sortir la vie à son degré le plus embryonnaire de la matière brute et inorganique.

Au libre arbitre qui fait son apparition avec l'âme humaine et dans l'âme humaine, il faudra aussi une *idée directrice*, qui ne saurait être que la loi morale, gravée tout d'abord dans nos consciences, puis renouvelée, élucidée et complétée par la révélation. Dès lors les notions du bien et du mal, du mérite et du démérite, des peines et des récompenses, viennent s'y appuyer comme à leur base naturelle et nécessaire. C'est tout l'ordre moral qui se reconstitue et nous emporte vers des finalités supérieures qu'excluait l'évolution mécanique et déterministe. Et le naturalisme scientifique, qui prônait cette évolution, se trouve dès lors condamné [1].

---

[1] Le lecteur soucieux de scruter un peu à fond la nature de la science et ses relations avec la philosophie consulterait avec profit un opuscule de Louis Baille : *Qu'est-ce que la Science.* (77 pages, de la collection Bloud.)

La seconde partie surtout est particulièrement intéressante. C'est sur la relativité de la connaissance et des choses elles-mêmes, que l'auteur s'appuie pour s'élever jusqu'à l'absolu, je veux dire jusqu'à ces notions nécessaires qui forment le fond de toute philosophie sérieuse, parce qu'elles sont au fond même de l'esprit humain. Là sont analysées ces relations qui se remarquent dans l'ensemble des choses, relations de mouvements, de diversités et de similitudes, autrement dit, de la multiplicité dans l'unité, qui aboutissent elles-mêmes à la notion de causalité sous sa double forme, causalité efficiente et finale. Et tout cela entre dans le concept même de la science.

Mais avec l'efficience et la finalité, nous touchons à la métaphysique : ou plutôt ces notions lui appartiennent. Et c'est ainsi que les sciences la rejoignent par leurs plus hauts sommets : au lieu d'être gênées par elle, elles en seront éclairées, à la condition qu'on comprenne bien leur union harmonique, sans l'exagérer jamais.

II. — CONSÉQUENCES DU NATURALISME.

La science, déformée et détournée de son vrai but par le naturalisme, crée pour notre société bien d'autres périls. Nous l'avons déjà dit, elle a en quelque sorte enlacé le monde physique dans ses puissantes étreintes, et elle en a extrait, pour la jouissance de tous, des substances autrefois inconnues. Ces substances, travaillées et modifiées selon nos goûts et nos caprices, s'entassent en d'immenses caravansérails, comme l'Orient n'en connût jamais ; à tel point qu'un seul homme, ce malheureux Whiteley, de Londres, que son fils naturel vient d'assassiner, pouvait s'intituler « l'universel pourvoyeur » et se vanter de satisfaire à l'instant aux demandes les plus burlesques d'un millionnaire ou d'un milliardaire en goguette.

C'est la science qui, par ses applications industrielles, opère ces accumulations de richesses, et par le fait même surexcite jusqu'à l'exaspération, toutes les convoitises et toutes les passions. N'est-ce pas là un péril d'autant plus grand, que le naturalisme scientifique a abaissé toutes les barrières morales qui autrefois comprimaient ces passions et ces convoitises ? Le naturalisme, en effet, vient dire à l'innombrable race des jouisseurs : Ne crains rien de ce Dieu que la morale spiritualiste te montrait autrefois comme un juge redoutable ; il n'existe pas. Il n'y a plus rien ni personne dans les cieux déserts. Viviani et ses congénères ont éteint ces vérités éternelles qui brillaient comme des soleils au firmament des intelligences. La loi morale que l'on disait descendre du sein de Dieu dans ta conscience pour être la règle de ta vie, c'est un préjugé sans valeur. Tu n'as d'autre loi que celle qui sort de toi, de ta vie agrandie, intensifiée. Jette-toi sur ces richesses accumulées, absorbe, consomme et sois heureux ; c'est la morale qui veut cela, la morale du plaisir, la morale de l'intérêt, la morale de la force, ces morales laïques, trinité humaine, qui a remplacé l'autre, la trinité divine ; comme l'épanouissement du moi supprimant tout ce qui le gêne. »

Et ce ne sont pas seulement quelques vieux intellectuels, égarés dans leurs rêves, qui tiennent ce langage, au fond des salles du collège de France ou de la Sorbonne, mais tous ces rédacteurs de feuilles pornographiques, primaires haineux et imbéciles, dont l'esprit vide et incohérent, absorbe tout ce qui est faux et déforme tout ce qui est vrai. Ces doctrines de mort remplissent ces journaux que l'on répand à profusion parmi les foules ouvrières, travailleurs des champs et surtout de l'usine. Lorsque ces pauvres gens s'entassent, après leur labeur, dans les bars où ils trouvent leur nourriture, les mêmes mains leur servent un double poison, le poison alcoolique et le poison intellectuel. De ces substances entassées dans les magasins de « l'universel pourvoyeur », Whiteley, aucune n'est plus chaude, plus ardente que celle que les Iroquois, qui en moururent, appelaient le feu liquide, l'eau de feu. On la verse à flots à l'ouvrier, et on lui donne en même temps la feuille pornographique, qui lui apprend à user et à abuser de tout sans remords. En prenant l'une et l'autre, il croit intensifier sa vie, selon le conseil de Guyau, grandir tout son être. Il a des exaltations fantastiques, au sein desquelles tout contribue à le tromper, le trouble de son cerveau et celui de ses nerfs.

Et quand ce n'est plus un individu isolé qui subit ces commotions dépravatrices, quand ils sont cent, mille, des foules innombrables, c'est la folie en commun qui s'intensifie à mesure qu'elle s'étend et qui devient plus irrémédiable. Elle coule dans les veines brûlées de ces pauvres gens, elle soulève et détraque les lobes de leur cerveau ; elle courbe et asservit leur volonté et roule dans toutes les fanges ces loques humaines. Les femmes tombent plus bas que les hommes dans la dégradation ; elles y mettent plus d'impudeur ; les spasmes de leur névrose sont plus horribles et font fuir de dégoût, sans plus laisser de place à la pitié, du moins lorsque celle-ci ne s'inspire pas de la charité chrétienne (1).

La morale du plaisir a d'autres applications plus difficiles à indiquer, et les plus répugnantes ne sont pas toujours les plus dangereuses. La police prétend assainir les rues et les places publiques en tolérant les maisons de débauche ; l'efficacité du remède est aussi contestable que son honnêteté. Mais les mêmes hommes qui s'occupent de la propreté morale de nos rues, ne sont-ils pas ceux qui introduisent le vice à l'intérieur des foyers? J'entends parler des politiciens qui ont voté la loi du divorce. Le vice consiste, dans le cas présent, à opérer une sorte de triage entre les éléments complexes de la vie domestique, à en écarter les charges, par exemple, pour ne garder que les jouissances qui,

---

(1) La plaie de l'alcoolisme est aujourd'hui trop étudiée, un peu partout, pour qu'il soit nécessaire d'y insister ici. Les journaux eux-mêmes donnent à ce sujet des statistiques qui font trembler. Ainsi on y lisait tout récemment un tableau comparatif de la consommation alcoolique en Europe : en France, 15 lit. 87 par habitant, chaque année ; en Belgique, 12 lit. 58 ; en Allemagne, 9 lit. 25 ; en Angleterre, 8 lit. 17 ; en Norvège, 2 lit. 66.

Quant aux effets de l'alcoolisme, j'ai lu il y a quelques années déjà, dans un rapport du docteur Legrain, président d'une Société de tempérance organisée à Paris, les renseignements qui suivent : Sur 215 familles d'alcooliques notoires, observées au cours de trois générations qui en étaient sorties, ce docteur avait trouvé :

A la première génération, 308 individus affectés de tares héréditaires ou maladies venues des parents, déformation du crâne ou des membres, strabisme, surdité, surdi-mutité, cécité congénitale, paralysie partielle, maladies de la moëlle épinière, déviation de la colonne vertébrale, etc.

Voilà pour le côté physique ; du côté intellectuel, 196 des enfants nés de ces 215 familles étaient atteints de débilité mentale ou d'idiotisme, et 106 de folies furieuses.

A la seconde génération, restaient 98 familles soumises à l'examen

des lors, deviennent illicites et même criminelles. Qu'on le veuille ou non, en vertu du divorce légal, l'épouse descend à peu près au rang des créatures aviliés auxquelles nous faisions allusion plus haut. Le mari la traite comme telle. dès lors qu'il s'approprie le droit de la répudier ; et elle-même accepte cette situation. pourvu qu'on lui reconnaisse faculté pareille. Le mariage qui unissait deux âmes par des liens sacrés, en vue de communs devoirs, n'est plus qu'un rapprochement passager et précaire dans un enivrement sensuel qui peut cesser demain.

Le but direct et immédiat était la procréation d'enfants, auxquels le père et la mère auraient donné une éducation intégrale, physique, morale, intellectuelle et surtout religieuse. La morale du plaisir a changé tout cela : elle supprime le but nécessaire et naturel, avec la complicité d'une autre morale, celle de l'intérêt. On ne jouit qu'autant qu'on possède ; or l'enfant, dès son entrée dans la vie, prélèverait une part des sollicitudes

---

du même médecin : 54 de leurs membres étaient idiots ; 23 fous furieux : 40 épileptiques ou convulsionnaires.

Enfin à la troisième génération, il ne restait que 7 familles observées : 17 enfants en sortirent, dont 2 fous, 2 histériques, 2 épileptiques. 4 convulsionnaires, 3 scrofuleux, 1 atteint de méningite, et enfin les 3 derniers étaient plus ou moins idiots. Voilà un exemple de la dégénérescence produite par l'alcoolisme.

Un autre de ses résultats, c'est la criminalité que l'on peut mesurer d'après la statistique suivante, dont je regrette de ne pouvoir donner la date exacte.

A Sainte-Pélagie, sur 100 détenus condamnés pour coups, blessures. meurtres et assassinats, 88 sont des alcooliques.

Sur 100 condamnés pour vagabondage et mendicité, 79 alcooliques.

Sur 100 condamnés pour abus de confiance, 70 alcooliques.

Sur 100 condamnés pour outrages à la pudeur, 53 alcooliques.

Il y a quelques années déjà la consommation totale de l'alcool en France était : 2.560.000 hectolitres. sans compter, bien entendu, l'alcool absorbé dans les boissons hygiéniques. — Qu'est-ce donc aujourd'hui ? Quant aux absinthes. M. Poincaré, dans son projet de budget pour 1907, les estimait à 310.000 hectolitres. En 1873, la consommation était de 7.000 hectolitres.

de la mère et du travail du père : il serait un gêneur pour les égoïsmes de l'un et de l'autre ; aussi tous les deux s'entendent-ils pour l'étouffer à l'avance dans leurs criminels embrassements.

Et c'est bien ici qu'apparaît le mieux la niaiserie et l'inefficacité de la troisième morale, qui devait corriger les imperfections des précédentes, la morale de l'*altruisme*. L'autre, l'*alter*, pour lequel il devrait être si aisé et si doux de se sacrifier, c'est l'enfant ; l'enfant, la joie et la consolation du présent, comme il est l'espérance de l'avenir, l'enfant à qui on donne tout son cœur, toute sa vie, en attendant de lui léguer tout son avoir. Les morales laïques, créatrices responsables du divorce, ont déjà formé dans ce pays d'autres habitudes et d'autres pratiques. La dépopulation grandit dans l'exacte proportion des divorces eux-mêmes : on dirait que la race française, ne se sentant plus assurée du lendemain dans ces foyers dont toutes les pierres chancellent, n'aurait plus la force ou la générosité de transmettre une vie appauvrie et neurasthénique à des générations de plus en plus dépravées et malheureuses. Et ainsi il est permis de prévoir une époque où les peuples voisins, s'amplifiant de plus en plus, par une natalité, huit, dix ou même quinze fois supérieure à la nôtre, déborderont leurs frontières, et s'installeront par une infiltration rapide sur ce sol, où les Français se feront de plus en plus rares. Or l'infiltration est, de toutes les conquêtes, la plus assurée et la plus irrémédiable, celle dont on ne se relève jamais (1).

---

(1) La statistique officielle du mouvement de la population en France, pour l'année 1905, donne les résultats suivants :

Population totale	38.961.945
Mariages	302.623
Divorces	10.019
Naissances	807.291
Décès	770.171

La balance des naissances et des décès se solde par un excédent

Débarrassée de la morale chrétienne, la vie intensifiée, selon les méthodes de Guyau, est-elle du moins une vie heureuse ? L'eudémonisme rêvé par les moralistes païens, le bonheur naturel a-t-il établi son règne sur cette terre française, à mesure que les austères vertus du Golgotha semblent la vouloir quitter? La réponse à cette question se lit dans certaines statistiques, celles des désespérés qui se suicident, ou des furieux qui assassinent, comme à plaisir. Si une certaine presse est rédigée par des primaires fanatiques et ignorants, il en est une autre que dirigent parfois des hommes du plus haut mérite, esprits fermes et justes,

de 37.120 naissances seulement. En 1904, l'excédent était de 57.026 ; un tiers supérieur par conséquent.

Le tableau comparatif avec l'étranger serait le suivant :

En France	0,10 %
En Allemagne	1,05 %
En Autriche	1,25 %
En Angleterre	1,22 %
En Hollande	1,55 %
En Italie	1,07 %

En résumé, l'augmentation annuelle de la population est à l'étranger de onze à quinze fois plus considérable qu'en France.

On sait que l'enseignement de la pornographie par l'image est offert à la jeunesse française à la porte de tous les lycées, sans parler des kiosques et de certaines maisons où cette spécialité est poussée plus loin encore. La ligue Bérenger pour un certain assainissement moral a obtenu bien peu de résultats ; quelques mesures policières intermittentes, et c'est tout.

Comment en serait-il autrement lorsqu'une autre ligue, radicalement contraire, est non seulement tolérée, mais autorisée et protégée, et que les députés les plus influents, ministrables ou anciens ministres, en font partie. Son but est d'enseigner le malthusianisme le plus éhonté, bien plus, de le faire entrer dans les mœurs nationales.

Les pratiques abortives font l'objet de conférences médicales, et l'on y vise à la dépopulation systématique. Les mœurs du Directoire sont depuis longtemps dépassées et l'on n'y prend pas garde. La ligue pornographique a son journal qui lui sert d'organe officiel, et dont je ne veux pas écrire ici le nom.

Il y aurait de très curieuses statistiques à établir entre la natalité, pour l'ensemble du pays, et les divorces. Plus le chiffre de ceux-ci augmente, plus le chiffre de celle-là s'abaisse. M. Paul Bourget, dans son admirable roman, a montré comment le divorce est fatalement, partout où il se glisse, un ferment de dissolution, dont il est impossible de calculer à l'avance toute la portée.

volontés énergiques, caractères trempés pour les grandes luttes, et que rien ne décourage. Ces hommes savent partois grouper autour d'eux les talents les plus divers, de valeur très inégale, mais qui servent cependant à l'œuvre commune.

J'emprunte à un journal qui représente fort bien, à mon avis, cette presse très méritante, quelques fragments d'un article humoristique, où la verve s'allie à une pénétrante sagacité. Il a été inspiré par l'épidémie de suicides et d'assassinats qui a sévi les semaines dernières, et il est intitulé : *les Défaillances tragiques*.

« Est-ce qu'il y aurait des vagues de folie comme il « y a des vagues de froid, qu'un vent de meurtre et de « suicide passe sur la terre ? Le sang dégoutte de tous « les fils tendus à travers le monde, qui ne nous apportent que la nouvelle de gens qui, très froidement, « ont tué et se sont tués sans trop, du reste, savoir « pourquoi. Une idée qui leur traversa le cerveau, un « mouvement nerveux de la machine détraquée. Amour, « envie, dépit, lassitude, et moins encore, ont suffi à « presser sur la gâchette d'un revolver, à attacher une « corde à un clou, ou à choisir, du haut d'un pont, la « meilleure place pour le saut final.

« La volonté qui mène le criminel apparaît, dans l'un « de ces drames, féroce et caricaturale. Elle est comme « une déviation maladive de l'énergie. Le cas de Jadot, « à Dijon, est stupéfiant. Débarrassé de la morale, dont « ses maîtres lui firent un bagage, à son gré, encom-« brant, il s'est promené sous des soleils trop ardents « pour son cerveau médiocre, sans préjugés, ni scru-« pules. Il a pris des maîtresses, il les a revendues. Il « veut épouser la fille de son patron, on lui oppose un « refus. Il tue le patron, il tue son fils, mais ne se tue « pas. il se couche. « D'honneur, écrit-il sur sa porte. « il sera chez le juge au réveil. » Chez le juge ou chez le

« médecin. Cet individualisme forcené sera peut-être
« la règle demain : on veut bien qu'aujourd'hui encore
« il ne soit, par exception et à ce degré d'incohérence,
« qu'une névrose.

    « C'est un soulagement de se dire qu'il n'est aussi
« qu'un névrosé, ce Van Blarenberghe, qui tue sa
« mère à coups de poignard. Mais ces accès ne décèlent-
« ils pas l'anarchie de l'ambiance ; ne font-ils pas la
« preuve poussée à l'excès de cette irritation qui se
« manifeste au premier obstacle, aliène la raison et dé-
« chaine les fureurs aveugles d'une sensibilité portée au
« paroxysme ? Plus conscient que celui de la rue de la
« Bienfaisance, le parricide de Marenchies tue son père
« dans son lit, par traîtrise, à coups de fusil. Le motif ?
« Une observation faite la veille et qui lui avait
« déplu.

    « Le parricide qui fut réputé abominable entre tous
« les crimes, et dont le châtiment s'entourait d'apprêts
« lugubres, comme si l'humanité tout entière en portait
« le deuil, est devenu l'aboutissant prévu des discus-
« sions dans lesquelles le père se montre tant soit peu
« intraitable. L'excuse que donne l'assassin de M. Whi-
« teley, le pourvoyeur universel de Londres, c'est que
« l'assassiné est son père. Il le prétend, tirant sa sau-
« vegarde d'un aveu qui le devrait faire abhorrer. Il
« aura demain des avocats d'office. Ils feront le roman
« de cette démarche mystérieuse chez un des rois de
« l'énergie, lui découvriront une cause plausible, et
« s'extasieront sur le sang-froid de cet adolescent, qui
« retire posément ses gants, sort un revolver de sa
« poche, ajuste avec calme sa victime, retourne son
« arme contre lui, se rate, à peu près, et répond d'un
« air détaché, pensant qu'il n'y a guère d'autre façon
« d'avoir quelque répit, qu'il vient de faire payer, à
« celui qu'il dit son père, la rigueur d'un refus désobli-
« geant.

« Ces jours-ci, un quelconque père de famille consta-
« tait une fois de plus que sa femme, poussée de vin,
« n'avait pas tenu sa soupe au chaud, et qu'à table elle
« divaguait un peu ; ce dont les enfants rassemblés sous
« la lampe étaient pris à témoin. La femme estima une
« remarque de sa fille impertinente, et la gifla. Le père
« la saisit à bras le corps, la porta sur le lit, et, devant
« les petits, l'étrangla.

« La vie est pour rien. C'est une guenille qu'on a
« prise on ne sait comment, et qu'on quitte on ne sait
« pourquoi !

« Les idylles sont étrangement précoces et singuliè-
« rement meurtrières. Les suicides à deux sont devenus
« chose si commune, qu'ils ne sortent plus de la ru-
« brique des faits divers. Il y en a trois cette semaine,
« rien qu'à Paris.

« Ah ! nos nerfs exaspérés, nos pauvres nerfs à nu,
« que l'orgueil écorche et que la passion crispe ! Nous
« n'avons pas même la trêve de l'adolescence. La déses-
« pérance et le romanesque nous viennent chercher au
« berceau... On retirait, hier matin, de la Seine, à Bil-
« lancourt, un collégien qui s'est tué de dépit d'une ré-
« primande. A Rome, un enfant de treize ans se pen-
« dait, ces jours-ci, parce qu'il avait souffert dans sa
« vanité blessée. Hier se tuait un autre enfant de
« douze ans, qui n'avait pu survivre à des chagrins
« d'amour ! O lits candides, où jadis, dans les mains
« très douces de la maman, les petites mains se joi-
« gnaient, et où, tombés des lèvres innocentes, les mots
« rituels des sereines évocations n'appelaient autour des
« fronts endormis, que le vol blanc des colombes et des
« séraphins !

« Est-il un seul de ces drames incohérents et lugu-
« bres, qui trouve une excuse ailleurs que dans le dé-
« traquage général de ce temps ? Aucun. Nous assistons
« à quelque chose comme à une pantomime effarante,

« qui représenterait une course à l'abîme chez les
« fous...» (1).

L'un des plus curieux chapitres du dernier ouvrage
de M. Brunetière : *Questions actuelles*, est intitulé, *la
Moralité de la Doctrine évolutive*. Nous lui emprunterons les conclusions de notre présente étude ; ou, du
moins, elles ressortent très naturellement de la thèse
du regretté critique.

En prenant la doctrine évolutive en son sens le plus
grossier et le moins admissible, on est bien obligé de
reconnaître que l'homme, à supposer qu'il soit réellement sorti de l'animal, n'est devenu homme qu'en se
différenciant de son ancêtre. Et plus cette différenciation s'accentue, en d'autres termes, plus l'élément su-

---

(1) L'*Eclair*, 27 janvier 1907.

Depuis quarante ans, le taux des suicides s'est partout augmenté. En Prusse, pour 1869-1873, on compte 2.939 suicides ; pour la
période 1894-98, on en compte 6.431.

Dans le livre de M. Emile Durkheim, *le Suicide*, nous lisons la
statistique suivante, sur la progression des suicides dans les différents
pays d'Europe :

Prusse	411 %	de 1826 à 1890
France	385 %	de 1826 à 1888
Autriche	318 %	de 1831 à 1877
Saxe	238 %	de 1841 à 1865
Belgique	212 %	de 1841 à 1889
Italie	109 %	de 1870 à 1890

D'après le même auteur, c'est chez les catholiques que le suicide
est plus rare. Sur 1.000.000 d'habitants, on trouve les chiffres suivants :

	Années	protestants	catholiques	juifs
En Autriche	1852-59	79,5	51,3	20,7
En Prusse	1849-55	159,5	49.6	46,4
En Prusse	1869-72	187,69	69	96
En Prusse	1890	240	100	180

Extrait de la *Revue de Philosophie*, 1er juillet 1906, pp. 6 et 7.

Au dire du journal *La Croix*, du 1er janvier aux premiers jours de
mai 1907, le seul département de l'Yonne, où sévit tout particulièrement l'anticléricalisme, a vu se produire 41 suicides et 7 tentatives
de suicide.

périeur qui le constitue l'emporte sur les instincts inférieurs de la bête, plus l'âme domine les sens et la matière, et plus l'homme devient homme en se dégageant de ce qu'il fut tout d'abord.

M. Brunetière fait remarquer aussi que l'évolution, au lieu d'être abandonnée à tous les hasards, semble, au contraire, être conduite par l'idée directrice si clairement aperçue par Claude Bernard, ainsi que nous l'avons dit nous-même. Aussi semble-t-elle s'acheminer vers des finalités qu'il est assez aisé d'entrevoir.

Ce qui est non moins certain, à nos yeux, c'est que cette évolution n'a rien de fatale, surtout en ce qui concerne l'humanité. Au lieu d'être toujours progressive, on y discerne des époques de régression, et si l'on en croit des savants très autorisés, ces mouvements régressifs se remarqueraient dans l'histoire des espèces animales elles-mêmes. Il n'est pas du tout prouvé que ce soient les mieux douées et les plus fortes qui aient survécu aux plus petites et aux plus faibles, lorsque certains cataclysmes se sont produits dans la nature physique. Si pour des causes imprévues, sans doute, mais non impossibles cependant, le climat de nos zones tempérées se rapprochait de celui des pôles, est-ce que les espèces les plus perfectionnées, avec leur organisme plus sensible, ne souffriraient pas en raison même de leur sensibilité et de leur perfection ? Et dès lors ne seraient-elles pas exposées à disparaître, alors que des organismes plus grossiers et plus résistants leur survivraient ?

Quoi qu'il en soit, des époques de régression s'aperçoivent très nettement dans l'histoire humaine. Il y a eu des lieux et des temps où les hommes sont devenus moins hommes, où des races se sont abâtardies, où des peuples entiers ont disparu, ont été remplacés par des races plus fortes et plus énergiques. Les causes de ces déchéances ont toujours été les mêmes, l'abaissement du caractère et de l'intelligence, la prédominance des instincts sensuels, le triomphe de la bête qui est dans l'homme, qui est en partie l'homme lui-même, de la bête avec ses passions, sur l'âme appauvrie et impuissante.

Je laisse à mes lecteurs le soin de dire si nous n'entrerions pas dans l'une de ces périodes de décadence et de ruines, ruines morales et intellectuelles, qui ne vont jamais seules, mais entraînent toujours après elles les ruines matérielles et sociales.

Ce n'est pas la science qui nous en préservera, aussi longtemps qu'elle traînera à sa remorque ce naturalisme scientifique. Qu'elle accumule les richesses et multiplie à son gré nos jouissances ; dès lors que, par les négations de cette fausse métaphysique dont elle est accompagnée, elle abaisse les âmes, leur désapprend l'art de se gouverner elles-mêmes, enlève aux caractères leurs ressorts et dénie aux volontés leur liberté morale, elle déprave l'être humain tout entier. Elle déprave le corps et les sens par les jouissances excessives qu'elle leur apporte ; elle déprave l'âme par la soustraction des forces morales qu'elle détruit. Au lieu d'être un principe de prospérité et de progrès, elle devient une cause de décadence et de ruine.

Les civilisations païennes ne possédaient point toutes nos ressources scientifiques ; elles étaient loin d'exercer sur le monde physique, sur la nature matérielle, ce souverain empire dont nous disposons aujourd'hui. Cependant elles l'avaient conquis en partie, avec des forces beaucoup moindres. C'est cet empire qui les a perdues en leur créant ces raffinements du bien-être, qui n'étaient, il est vrai, que le monopole d'un petit nombre, je veux dire de la caste des hommes libres, tandis que l'immense foule des esclaves en était privée en grande partie. Cette limitation dans la jouissance ou plutôt dans l'extension de la jouissance, de toutes les jouissances réservées à quelques-uns, est peut-être ce qui prolongea leur existence elle-même. Leur décadence eût été plus prompte et plus absolue, si esclaves et hommes libres avaient pu se vautrer dans les mêmes débauches.

Et voilà précisément ce qui risque de se produire parmi nous : l'extension indéfinie, l'universalisation de la jouissance sans règle et sans frein. De règle morale, il n'y en a plus ; le naturalisme scientifique l'a détruite ; le moralisme philosophique n'est point parvenu à la remplacer ; bien au contraire, il consacre tous les désordres, toutes les turpitudes. Quand il parle des mœurs, c'est dans un sens autre que celui que les siècles chrétiens ont connu jusqu'à ce jour. Les mœurs sont les habitudes quelconques qu'il a plu au peuple de se créer ; le moralisme philosophique les décrit, et c'est tout ; il les étudie et en acquiert la science, mais ne les règle ni ne les épure. Elles ne sont pour lui qu'un thème à dissertations sophistiques et à déclamations perverses, dont le peuple saura tirer toutes les conclusions.

N'est-ee pas là cette régression dont Brunetière constatait la possibilité ; et l'homme très dépravé et très civilisé du XXe sièlce ne tendrait-il pas à redevenir semblable, par certains côtés, à l'homme des cavernes, tout voisin, nous dit-on, de l'orang-outang ? Le moderne sauvage a des dehors très policés ; peut-être a-t-il passé par la Sorbonne et le collège de France, pour y entendre feu Berthelot, ou les moralistes étudiés par Alfred Fouillée et Alfred Fouillée en personne. Sûrement il aura fréquenté le laboratoire de nos grands chimistes et appris d'eux les manipulations des substances explosives ; il sait se servir de la mélinite et fabriquer des bombes à renversement, plus puissantes que les silex dont se servaient ses lointains ancêtres. Sa mentalité est plus compliquée, mais en est-elle meilleure ? Il a lu le *rolume* et connait M. Payot, comme il a prêté l'oreille à l'éloquence des Sébastien Faure, Thalamas et Hervé. Tout cela s'agite dans sa pauvre tête aux heures d'insomnie. Quoi d'étonnant si, sa bombe bien préparée, il la porte en un jour d'énervement et de colère, comme l'anarchiste Vaillant, au Palais-Bourbon ou au Luxembourg ? Par cette explosion il prêchera de la bonne et efficace manière tout à la fois le naturalisme scientifique et le moralisme philosophique, et croira en faire l'utile application au perfectionnement de la société moderne. Cet homme a le courage des convictions qu'on lui a faites ; il n'est que logique, puisqu'il met ses actes en conformité avec ses idées. Ceux qui l'ont ainsi instruit et éduqué sont au contraire des inconséquents et des sots, à moins qu'ils ne soient, eux aussi, de grands criminels, dont le bras n'est arrêté que par la peur et qui laissent à d'autres le soin de réaliser leurs propres doctrines.

CHAPITRE IV

La Déchristianisation :
L'Oligarchie pseudo-démocratique.

Le moyen le plus simple et le plus naturel d'étudier l'oligarchie pseudo-démocratique qui s'est imposée à la France, c'est, si je ne me trompe, de remonter à ses origines, de rechercher les principes sur lesquels elle prétend s'appuyer et de les soumettre à une critique rigoureuse : c'est ce que nous entreprenons de faire aujourd'hui.

Nous aurons à examiner un peu plus tard son programme d'action et la manière dont elle l'applique, le point précis où elle est parvenue dans cette exécution et ce qu'il lui reste à faire pour achever son œuvre.

I. — LES PRINCIPES PSEUDO-DÉMOCRATIQUES

L'idée principale dont les hommes qui sont au pouvoir depuis vingt-cinq ans et plus se sont toujours prévalu, c'est l'idée d'égalité. Nous y applaudirions nous-même, si elle avait été sagement entendue; personne plus que nous ne tient à l'égalité civile et politique, à l'égalité devant la loi, devant l'impôt et les autres charges publiques. Mais nous nous trouvons en face d'une conception tout à fait différente, d'une sorte d'égalitarisme contre nature qui rendrait impossible la constitution de la société elle-même et qui, sur les lèvres de ceux qui la préconisent, n'est qu'un mensonge; s'il fallait les en croire, tous les hommes seraient égaux, d'une égalité rigoureuse et absolue. C'est exactement le contraire de la vérité : les hommes tels qu'ils nous apparaissent, tels qu'ils existent, vivent et agissent autour de nous, sont doués de forces très inégales, d'aptitudes très différentes et très disproportionnées.

En y réfléchissant, on découvre bientôt que la société n'est possible que grâce à cette variété d'aptitudes et à cette inégalité de forces que la nature établit entre nous. Nous avons ainsi besoin les uns des autres et nous nous rapprochons pour nous aider réciproquement. Plus une société se civilise et plus les nécessités qui pèsent sur elle se diversifient en se multipliant, et elles exigent, pour être satisfaites, cette variété d'aptitudes chez tous les citoyens dont elle est composée. Une tribu à demi sauvage se contente de misérables huttes; chacun de ses membres se construit la sienne où il s'abrite tant bien que mal avec ses enfants.

Il n'est pas si aisé d'édifier les palais qui décorent nos grandes villes; d'habiles ouvriers n'y suffisent pas; il y faut des architectes plus habiles encore, sans parler des artistes, peintres et sculpteurs. Et si vous entrez dans les mille détails de notre vie sociale, vous serez étonnés des innombrables agents qui contribuent à son bien-être et à son luxe, et plus encore, peut-être, des formes que revêt leur activité. Il s'établit forcément, entre toutes ces activités si multiples et si diverses, une hiérarchisation qui crée des inégalités. Et plus les organes sociaux se compliquent, plus ces inégalités se multiplient.

C'est la loi même de la vie, dont l'égalité absolue est la violation flagrante; aussi, suffit-il que le principe égalitaire, entendu au sens absolu et rigoureux, s'empare d'une nation pour en dissocier les éléments et déterminer sa ruine.

Cet égalitarisme engendre un autre dogme pseudo-démocratique, la souveraineté du nombre; et voici comment il est compris : chaque citoyen est son maître, absolument autonome, ne relevant que de lui seul

et trouvant en sa propre volonté la loi même de sa
vie. Pour que la nation se constitue, il faut bien,
cependant, que les citoyens se rapprochent et que chacun consente à la mise en commun de sa propre souveraineté avec celle des autres, de telle sorte que la
souveraineté nationale sera composée de ces souverai-
netés individuelles. Cette agglutination s'opère au
moyen du suffrage populaire.

Remarquez que l'électeur, quand il choisit pour
quatre ans son délégué, n'aliène nullement sa souveraineté personnelle, son droit de s'administrer lui-
même; il le communique simplement, quant à son
exercice, à titre révocable. pour un temps déterminé
et parfois sous des conditions débattues en commun.
Le mandat, par exemple, peut être impératif sur certains points; s'il n'est pas exécuté au gré des man-
dants, ceux-ci réprimanderont leur mandataire, le me-
naceront de révocation à l'expiration des quatre ans,
s'ils ne le somment de se démettre sans délai.

La théorie est susceptible d'applications différentes.
Voici, toutefois, ce que l'ou peut considérer comme lui
étant tout à fait essentiel : la valeur du suffrage
exprimé procède tout entière de la personne même
de l'électeur, de sa propre individualité. De là vient
que son vote est tout juste l'équivalent de n'importe
quel autre, et pèse tout autant dans la balance des destinées nationales.

En vain feriez-vous observer qu'une nation organisée n'est pas faite exclusivement de ces autonomies
isolées et individuelles, qu'à tout le moins ces indivi-
dualités ne sauraient être considérées indépendamment
de ce qui les entoure, du milieu qu'elles ont su se créer,
et que toutes sont loin de s'équilibrer et de se valoir.
Prenons un chef de famille avec sa femme et huit ou
dix enfants en bas âge; lorsqu'il s'agit de l'acte le plus
grave de sa vie civique, allez-vous l'abstraire, si je puis

dire, de tout ce qui fait pour lui l'intérêt et l'importance de cette vie civique, j'entends parler de sa
femme et de ses enfants pour lesquels il se dépense,
travaille, amasse et a besoin de la protection de l'Etat?
Vous le traitez alors comme un isolé qui n'a souci que
de lui-même. Mais est-ce que sa femme et ses enfants
ne font pas, eux aussi, partie de la nation? Est-ce qu'ils
n'ont pas déjà des intérêts dans la collectivité à laquelle ils appartiennent? Vous me répondrez qu'ils
n'ont pas l'âge de gérer ces intérêts ni d'exprimer une
volonté personnelle, qu'ils ne sauraient encore avoir.
Mais c'est précisément pour cela que la nature leur a
donné le plus autorisé des mandataires, qui a non seulement le droit mais le devoir de parler en leur nom;
c'est le père. Vous dites que votre suffrage est universel; c'est inexact, puisqu'il laisse en dehors de lui, sans
aucun représentant effectif, la grande masse de la nation, les femmes, les enfants, et les jeunes hommes
jusqu'à l'âge de la majorité.

Votre principe les exclut systématiquement, puisque
le vote émis par le citoyen ne représente que sa propre individualité, isolée de tout ce qui l'entoure. Je
voudrais votre suffrage plus universel, afin qu'il fût
plus juste, et qu'après le citoyen, le père fût admis à
l'exercer au nom de ses enfants et l'époux au nom de
sa femme. C'est ce que l'on appelle d'un nom fort juste
« le vote plural », établi chez d'autres peuples, qui ont
une représentation plus rationnelle et plus équitable
que la nôtre. Il y aurait là un moyen de rehausser
dans l'estime de tous l'esprit de famille, qui tend à
disparaître, et peut-être aussi de relever la natalité, qui
subit chez nous, depuis quelques années, une dépression
si inquiétante et si lamentable (1)

---

(1) C'est peut-être ici l'occasion de rappeler que, pour l'année 1907,
les décès l'emportent de vingt mille sur les naissances.

Une nation est forte et grande, tout d'abord par le nombre de ses membres; mais elle l'est aussi par la richesse que les générations antérieures lui ont acquise, et que les générations actuelles s'efforcent d'accroître encore. Un propriétaire, dont la maison est entourée de vastes domaines, fait vivre un grand nombre de travailleurs qu'il emploie à leur exploitation. Il a fallu peut-être des siècles d'efforts persévérants et conduits avec intelligence pour la formation et le développement de cette fortune territoriale. Ou bien encore, c'est un industriel qui, aidé de quelques associés, a mis ses capitaux dans cette usine autour de laquelle se groupe tout un peuple d'ouvriers. Ses puissantes machines jettent, dans la circulation commerciale, des objets manufacturés qui paient à l'Etat des impôts considérables et, par leur circulation même, enrichissent toute la région.

N'est-ce pas un principe de droit que celui qui paie l'impôt, exerce par lui ou par ses mandataires un contrôle effectif sur l'emploi que l'on fait de son argent. Or, avec notre système de suffrage universel et rigoureusement égalitaire, ne tenant compte que de l'individu, le contribuable n'est pas représenté. Alors faites-le plus universel, votre suffrage; en admettant à y participer comme tels, et ce propriétaire foncier, et cet industriel et ses associés, puisque ce sont eux surtout qui emplissent les caisses de l'Etat. Encore un motif qui explique et justifie amplement le vote plural, établi chez nos voisins de Belgique.

J'aimerais surtout à voir des syndicats professionnels d'ouvriers, admis à la possession de propriétés collectives, beaucoup plus considérables que celles que la loi française leur concède. Et parce que ces syndicats seraient propriétaires, ils devraient à ce titre même, avoir leur représentation, équivalente à leur fortune et au nombre de leurs membres, dans les grands corps de l'Etat. A eux aussi accordez le vote plural dans une mesure et selon un mode qu'il serait assez aisé, je crois, de déterminer. Nous aurions ainsi, dans nos assemblées politiques, la représentation des vrais intérêts du pays, au lieu d'avoir la représentation des passions et des haines qui sont au fond de toutes ces coteries électorales par lesquelles la nation est déchirée.

Et il est bien entendu que, ce que l'on accorderait aux syndicats ouvriers, constitués selon la loi, on ne le refuserait point à des corporations de marchands ou d'agriculteurs. N'est-ce pas l'idée de Le Play, telle que l'ont comprise et interprétée ses disciples les plus fidèles et les plus autorisés, comme M. de La Tour-du-Pin par exemple. Nous reviendrions ainsi peu à peu à un système corporatif, souple et libéral, adapté aux exigences économiques modernes.

On le voit, une législation ouvrière, animée d'un esprit chrétiennement démocratique, est encore à créer. On ne la veut pas et l'on refuse d'y travailler, car on prévoit qu'elle aurait bientôt son contre-coup sur notre régime électoral, l'un des plus mal conçus et des plus mal faits qui existent. Il est, sur presque tous les points, en désaccord avec ses propres principes. Nous avons dit comment il est dépourvu de cette universalité, inscrite dans son nom afin d'être plus sûrement bannie de ses opérations habituelles. Il est pareillement contraire à l'égalité dont il se prévaut ; pour la respecter dans toute sa rigueur, toutes les circonscriptions électorales devraient avoir un nombre de représentants rigoureusement proportionnel au chiffre des électeurs. Nous nous trouvons en ceci d'accord avec un rédacteur de *La Lanterne*, M. Maxime Lecomte, qui écrit :

« Si l'on veut réellement une représentation qui mérite le nom de nationale, qui soit l'image du pays et tienne un compte exact de ses intérêts, au lieu d'une représentation mensongère qui avantage les uns et viole les droits des autres, il faut briser les frontières de la division administrative de la France, en proportionnant le nombre des représentants au nombre des représentés.

« Chaque citoyen doit avoir une égale part de la souveraineté nationale, sinon la loi est faite par une majorité sans mandat valable, par une délégation arbitraire.

« M. Louis Martin nous donne comme exemple que quatorze mille habitants de l'arrondissement de Barcelonnette nomment un député, et que cent mille habitants de la ville de Lille nomment également un député.

« Est-ce admissible ? Est-ce juste !

« Mais il n'y a pas que Barcelonnette ?

« La répartition des sièges par arrondissement pour la Chambre des députés est absolument injuste.

« La répartition des sièges par département pour le Sénat est encore moins tolérable. »

La grande iniquité de notre système électoral n'est pas tant dans cette inégalité, si monstrueuse soit-elle, entre les circonscriptions électorales, Barcelonnette et Lille par exemple, que dans la non-représentation des minorités. Pour faire saisir notre pensée, prenons comme exemple un département de huit cent mille âmes ; il compte, par supposition, deux cent mille électeurs et a droit à huit députés. Parmi ces deux cent mille électeurs, cinquante mille sont des opposants à la faction gouvernementale ; mais ils sont éparpillés de telle sorte que, dans aucun arrondissement, ils n'obtiendront la majorité. Voici donc deux cent mille habitants, sur huit cent mille, qui ne comptent absolument pour rien dans notre représentation nationale. Parce qu'ils ne sont pas, sur certains points, de l'avis du Bloc, on gérera leurs intérêts sans qu'ils aient un mot à articuler ; on disposera de leur argent, versé dans les caisses de l'Etat, en dehors d'eux et sans eux, parfois contre eux.

Mais, qu'est donc devenue cette souveraineté individuelle que, vous démocrates, vous déclariez inaliénable, dont l'électeur pouvait déléguer l'exercice pour un temps donné, sous des conditions déterminées, à un mandataire perpétuellement responsable ? Tout cela n'était donc que vaines paroles et trompeuses promesses ? (1)

La logique du système et, avec elle, l'équité exigent que ces cinquante mille électeurs, quoique opposants, aient une représentation exactement proportionnelle à leur nombre, et qu'ils nomment deux députés sur les huit attribués au département en question.

Ce régime électoral fonctionne en Belgique et, les principes démocratiques une fois acceptés, il me semble le seul équitable : on l'appelle le régime de la représentation proportionnelle.

---

(1) A propos de la représentation proportionnelle, je relève dans une feuille très démocratique, le *Bulletin de la Semaine* (29 avril), les observations suivantes, qui me semblent très justes :

« D'ailleurs, notre majorité parlementaire ne représente pas même la majorité des citoyens. On a calculé que 301 députés, par exemple, qui sont tout-puissants dans une assemblée de 600 législateurs, ne représentent cependant que 2.572.363 électeurs sur 10.800 000, soit à peine le quart. Aux élections législatives de 1906, les 8.603.302 suffrages ont donné 5.025.331 voix aux 1.024 candidats de la majorité et 3.606.728 voix aux 550 candidats d'opposition ; les 395 députés élus de la majorité, représentent seulement 3 558.200 voix, soit 32 p. % des inscrits, le nombre des électeurs étant de 11.166.012, et le nombre des abstentionnistes n'était que de 2.462.710. Il en résulte que les lois sont faites par un bloc ne représentant pas le tiers des inscrits, que la Chambre ne représente pas la majorité du pays, et que la majorité élue ne représente pas même la majorité des votants. Au contraire, le vote plural, la représentation familiale et professionnelle, et la représentation proportionnelle des minorités électorales font de l'Assemblée législative une représentation véritablement nationale, non seulement d'un parti ou de la majorité des citoyens, mais réellement de tout le pays. En effet, avec la représentation proportionnelle des minorités, tous les partis sont représentés dans chaque élection, et, avec le vote plural et la représentation professionnelle et familiale, tous les intérêts le sont dans leur complexité, et non pas seulement tous les individus, puisque chaque électeur a autant de voix qu'il a d'intérêts principaux et que familles et professions sont représentées : c'est le suffrage véritablement universel. Charles BOUCAUD. »

Je l'ai dit, nos assemblées politiques ne représentent guère que nos divisions et nos haines. Pour en acquérir la certitude, il suffit de suivre même de loin les campagnes électorales dont elles sont le produit. On y calomnie et on y diffame à plaisir le candidat concurrent; tous les moyens sont bons pour arriver au pouvoir; les plus malhonnêtes sont les plus efficaces, les seuls efficaces trop souvent, on les emploie sans la moindre hésitation. Dans ces réunions et les conférences qui s'y donnent ou les discours qui y sont prononcés, ne cherchez pas une discussion sérieuse, attentive, des intérêts industriels, commerciaux ou agricoles de la région. On y agite depuis des années le spectre clérical, ou bien les prétendus dangers de la République, c'est-à-dire de la coterie au pouvoir. La police inventera au besoin un complot imaginaire, que les candidats officiels n'auront plus qu'à exploiter contre ceux de l'opposition. C'est sous le coup de toutes ces excitations malsaines que votent de pauvres paysans qui ne connaissent que de nom le candidat qu'on leur présente, ou bien encore des ouvriers industriels qu'on a grisés d'eau-de-vie et de promesses mensongères.

Chaque élection divise le pays en deux fractions irréconciliables. Celle qui arrive au pouvoir a bien soin d'attiser les haines qui ont déterminé son succès. Le candidat devenu député ou sénateur se tient en comtact persévérant avec ceux qui l'ont élu, dans le but d'opprimer, avec leur concours, les hommes qui lui ont fait opposition : son occupation principale consiste à mendier, pour ses amis et ses soutiens, les faveurs du pouvoir. Tout un système de marchandage s'organise ainsi, du haut en bas de l'échelle politique. L'électeur corrompt, par ses sollicitations intéressées, le député qui, simple candidat, l'avait corrompu lui-même. Le député exerce la même pression sur les ministres dont la conscience ne s'effarouche de rien, si ce n'est de ce qui pourrait compromettre leurs portefeuilles. Aussi achètent-ils, ne serait-ce que par des promesses, ces consciences de députés, qui sont toujours à vendre.

Notre organisation politique nous apparait ainsi dans ses lignes générales : en bas, l'instabilité naturelle aux foules, disons-mieux, l'anarchie, engendrant, par un mode de suffrage essentiellement menteur, une oligarchie qui, en haut, dans les sphères politiques, tend à se rétrécir pour devenir plus oppressive par la formation des groupes parlementaires. Là domine un petit nombre de personnalités, les plus audacieuses et les plus corrompues pour l'ordinaire. Quand elles ont perpétré de concert certains forfaits, elles sont liées les unes aux autres par ces complicités redoutables et forment un noyau auquel se rattachent aisément des comparses de qualité inférieure. Le tout constitue un bloc. Les ministères peuvent se succéder sans que la situation se modifie; ceux qui les composent se valent ou à peu près, et alors même qu'ils n'auraient pas tout à fait la même nuance, ils obéissent aux mêmes impulsions.

Une sorte de découragement injustifie et général, même chez les meilleurs, les laisse maîtres absolus de ce pays; rien ni personne ne leur fait obstacle, efficacement du moins. Une centralisation, inouie avant le XIXe siècle, a tout concentré entre leurs mains. M. Clemenceau est, à l'heure où j'écris ces lignes, plus puissant que ne le fut jamais Louis XIV. D'un coup de télégraphe, il courbe toutes les volontés devant la sienne, sur n'importe quel coin de la France. Le grand roi rencontrait dans les pays d'Etat des corps constitués qui, par leurs seules remontrances, lui faisaient obstacle. La transmission de ses ordres était plus lente; les intendants chargés de leur exécution étaient beaucoup moins absolus que les préfets actuels dans nos départements.

On nous a vanté, comme l'un des grands bienfaits du régime constitutionnel, ce que l'on appelait naguère la division des pouvoirs : pouvoir législatif, pouvoir exécutif, pouvoir judiciaire, qui se limitaient et se contrôlaient entre eux. De tout cela, ne subsistent plus que de vaines apparences. La magistrature est depuis longtemps domestiquée ; de multiples épurations lui ont appris à rendre des services et non plus des arrêts. L'exécutif est dominé ou plutôt absorbé par les Chambres qui, longtemps, ont été conduites par la délégation des gauches, espèce de comité de salut public, recevant lui-même son mot d'ordre du Grand-Orient. Il y a longtemps déjà que le mot vrai a été dit sur notre situation : nous ne sommes plus en République, mais en franc-maçonnerie.

Et, ce qu'il y a de plus terrible, c'est que l'irresponsabilité est partout dans ce gouvernement anonyme et, en partie, occulte. Sa tête, je viens de le dire, se cache dans l'ombre et le mystère de la rue Cadet. Le président, qui loge à l'Elysée, n'est qu'un soliveau : le plus grand châtiment que les ministères aient à redouter, c'est la dissolution qui permet à chacun de leurs membres de recommencer leurs intrigues pour ressaisir le portefeuille regretté. Irresponsables aussi, ne serait-ce que par leur nombre. ces députés et sénateurs qui, un jour ou l'autre. balayés par un caprice du suffrage populaire, disparaitront dans la masse anonyme d'où ils sont sortis, sans que personne leur demande compte des forfaits qu'ils ont perpétrés contre le pays, au cours d'une ou de plusieurs législatures.

Tel m'apparaît le régime, incohérent et odieux, dont nous sommes tous victimes. Son programme de gouvernement tient tout entier dans ce seul mot : l'anticléricalisme.

II.— LE PROGRAMME : SA PARTIE ANTI-DOGMATIQUE.

Les pseudo-démocrates se sont persuadé non seulement que le rôle social de l'Eglise est fini, mais que le christianisme lui-même est expirant. Cette idée ne leur est point particulière et personnelle; ils l'ont empruntée, comme tant d'autres, à l'Allemagne protestante. C'est Hartmann qui l'a exposée avec le plus de précision et de violence, à l'époque du Kulturkamph, dans un opuscule intitulé la *Religion de l'Avenir*, et traduit en français en 1881. Je comprends l'illusion de Hartmann, au moins en une certaine mesure : il était en présence du travail de démolition, entrepris par cette secte néfaste que l'on appelle le protestantisme libéral, contre le christianisme, tel que le garde encore l'orthodoxie luthérienne; et ce philosophe saisissait parfaitement tout ce qu'il y a d'illogique dans la situation de cette dernière, et son impuissance à préserver les débris de vérités révélées dont elle s'est constituée la gardienne. Hartmann était un logicien qui ne reculait jamais devant les conclusions extrêmes d'un principe, fût-il le plus faux qui se puisse concevoir. «Vous, disait-il aux protestants libéraux, vous ne croyez plus à rien et vous n'avez plus que les apparences du christianisme, une foi hypocrite, parce qu'elle est sans objet. Vous, orthodoxes, vous êtes des impuissants, destinés à disparaître, car vous n'avez pas le droit de vous insurger contre ce libre examen en matières religieuses, que vous avez été les premiers à proclamer et dont vous voudriez arrêter aujourd'hui la marche triomphante et les conséquences légitimes. Donc, ajoutait-il, c'en est fait du christianisme que vous représentez. »

C'est cette conclusion que, nous catholiques, nous n'acceptons point, car elle ne sort nullement des prémisses. Non, le sort du christianisme n'est point lié à ces églises bâtardes du protestantisme, qui n'incarnent que le schisme du XVI⁰ siècle et les hérésies qui en découlent.

Hartmann, deux fois dupe de sa situation et de sa logique, voulait remplacer le christianisme expirant par une sorte de panthéisme qu'il adaptait plus ou moins à sa théorie pessimiste, ou plutôt à sa philosophie de l'*inconscient*. Nos pseudo-démocrates ont formé un dessein analogue, mais avec de bien autres moyens pour en pousser jusqu'au bout l'exécution. Les circonstances douloureuses que la France a traversées, leur ont livré le pouvoir politique avec toutes les ressources dont il dispose : ils ont la force-armée, la magistrature, les finances, l'immense multitude des fonctionnaires, un peuple habitué à obéir, sans initiatives privées, sans presque aucune force de cohésion autre que celle de l'Etat, en proie par conséquent à toutes les faiblesses de l'éparpillement et de l'individualisme poussé à ses limites extrêmes. Pourquoi ces hommes sans conscience et sans probité, ayant toutes les forces vives du pays entre les mains, ne rencontrant plus autour d'eux aucun obstacle, ne profiteraient-ils pas de leur omnipotence pour étrangler l'Eglise, cette dernière et unique opposante qui, vu sa constitution même et sa mission divine, ne pourra jamais entrer dans leurs desseins ?

Instruits par les leçons de l'expérience et par l'échec des jacobins de 1793, ils procéderont avec plus de lenteur. Ils ont compris surtout que l'on ne détruit bien que ce que l'on remplace ; par conséquent il faut s'emparer des âmes, comme l'Eglise s'en empara il y a vingt siècles. C'est par les idées que l'on subjugue les intelligences, et non par des idées quelconques, mais par des idées fondamentales, qui jettent du jour sur les problèmes inhérents à notre nature elle-même. D'où venons-nous, où allons-nous ? Quelles sont nos origines et notre fin ! C'est toute une dogmatique à constituer pour remplacer celle de la révélation à laquelle, dit-on, personne ne croit plus. Et si étrange que cela paraisse, voici l'oligarchie pseudo-démocratique en train de se poser elle-même en révélatrice, de se proclamer puissance doctrinale et hiérarchie enseignante, une espèce d'Eglise à contresens, synagogue de mensonge et d'impiété.

Elle appelle à son secours ce naturalisme scientifique que nous avons analysé dans l'une de nos études précédentes ; c'est lui qui se charge de lui fournir cette dogmatique à rebours, qu'il avait déjà formulée pour son propre compte. Nous avons prouvé que les sciences proprement dites n'y suffisaient point ; elles sont trop défiantes d'elles-mêmes, obstinément enfermées dans leurs sphères respectives, que toutes elles exploitent avec une rigueur scrupuleuse, au moyen d'observations positives et d'expérimentations répétées.

Ici intervient un personnage fantastique, aux formes imprécises, aux mouvements brusques et imprévus. Il parcourt à tire-d'aile toutes les sphères explorées par les sciences proprement dites dont nous parlions tout à l'heure, promenant sur tout un regard hâtif. Ce personnage équivoque s'appelle fort improprement : *la Science*, avec une majuscule, et il a la prétention de rendre des oracles, toujours et nécessairement invérifiables : Tout est sorti de rien, et chaque jour le moins engendre le plus ; l'homme est fils du singe et n'a pas plus d'âme que le chien. Le cerveau explique la pensée puisqu'il la contient ; dans l'évolution qui emporte tout, les éléments constitutifs de la personnalité humaine servent à refaire d'autres organismes dont nous ignorons les formes et la durée ; nous revivrons ainsi en eux, c'est la seule immortalité qui nous soit promise. C'est là toute la dogmatique qui, des lèvres de la science révélatrice, est passée dans le catéchisme estampillé par l'oligarchie pseudo-démocratique. Et ce catéchisme doit remplacer désormais celui que l'Eglise nous a appris à bégayer lorsque nous étions enfants, et qu'elle nous a longuement expliqué à mesure que nous avons grandi et que nous sommes devenus des hommes.

Le catéchisme de la libre-pensée est enseigné par toute une hiérarchie d'anti-curés. Ne les cherchez pas rue Legendre, ni dans les cultuelles de Oulley ou de Fouilly-les-Oies, et ce n'est point Vilatte qui en est le pontife. MM. Buneau-Varilla et des Houx n'ont pu s'y méprendre, ce n'est là qu'une comédie qui n'a point eu de succès. Les frères-prêcheurs du nouvel Evangile sont bien autrement nombreux que les assesseurs de Vilatte ; ils sont plus de cent mille répandus dans les moindres villages. Tous n'ont point, au degré voulu, l'esprit nouveau, mais cela viendra. A côté d'eux, des espèces de diaconesses, formées à l'école des Sévriennes, leur donneront l'exemple, avec les emportements du zèle propre à leur sexe. Leur premier devoir n'est pas d'apprendre, aux bambins qui leur sont confiés, un peu de grammaire ou d'arithmétique, mais les dernières conclusions de *la Science* sur l'origine simienne de leurs papas et de leurs mamans, sur les futures métempsycoses qui les attendent eux-mêmes. Le pape de cette hiérarchie enseignante s'appelle, aujourd'hui, M. Briand ; ses principaux prophètes sont au collège de France et à la Sorbonne. Son grand catéchiste est M. Payot, chargé d'alimenter les cerveaux non pensants de ces « primaires » et de fournir à chacun la ration d'absurdités qu'il doit débiter à ses pauvres petits écoliers.

Cette évangélisation est commencée depuis plus de vingt ans, et quoique incomplète, elle donne déjà trop de fruits amers. Elle est très obligatoire et le deviendra bien davantage encore ; pas du tout gratuite, car elle coûte deux cent millions au budget de l'Etat, sans parler de celui des départements et des communes ; mais elle est surtout laïque, anti-cléricale au premier chef. De quelles violences intellectuelles et morales sont victimes les enfants du peuple, surtout des pauvres ! On leur a pris leur âme, leur conscience, pour la souiller et l'avilir, pour y effacer le caractère baptismal et la marquer du signe de la bête. Je ne crois pas qu'il ait été jamais commis d'attentat plus affreux, par l'étendue et la profondeur de ses résultats, contre la liberté humaine : une nation de trente-sept millions de citoyens réputés libres, condamnée à voir l'immense majorité des enfants de sept à quatorze ans subir cette amputation mentale. D'un seul coup on leur enlève leur Dieu, leur foi, les croyances de leurs pères et de leurs mères, les vertus qui en seraient sorties et jusqu'à l'espoir de la vie d'outre-tombe. Car c'est tout cela qui est en question, ou plutôt c'est tout cela qui est étouffé sous cet enseignement plus qu'homicide, de la dogmatique dépravatrice, imposée par cette méprisable oligarchie pseudo-démocratique.

On a pris un peu plus de précautions quand il s'est agi de l'enseignement secondaire, mais toujours pour atteindre le même but. L'un des hommes les plus représentatifs de l'esprit universitaire, de ses procédés et de ses méthodes, très autorisé, par son ancienne situation de maître de conférences à l'Ecole normale supérieure, à parler aujourd'hui même au nom du corps enseignant, c'est sans conteste M. Alfred Fouillée. Intelligence souple et pénétrante, d'une fécondité tout à fait remarquable, très indépendant par nature et prompt à la critique, il exerce une sorte de surveillance très active et très persévérante sur tout ce qui se fait dans les hautes sphères de l'enseignement. En 1901, à l'heure où s'écroulaient bon nombre de collèges libres et où tous étaient menacés et amoindris, il prenait sa plume la plus acérée et publiait dans la *Revue politique et parle-*

mentaire une série d'articles réunis immédiatement après en un volume, sous ce titre : *La Réforme de l'Enseignement par la philosophie.* — Selon sa coutume, il y fait le procès de tous ceux qui ne pensent pas comme lui ; il flagelle leurs travers, dénonce leurs fausses méthodes. C'est aux historiens et aux philosophes surtout qu'il en veut, et certes, il n'a pas tout à fait tort.

Il y a plaisir à l'entendre critiquer cette érudition abrutissante pour les élèves dont elle écrase la mémoire et étouffe les facultés les plus hautes, l'intelligence, la raison, le sens du beau et du vrai, sans le moindre profit, car il ne leur reste bientôt plus rien de tout ce fatras qui encombrait les programmes de leurs examens obligatoires.

A la place de tout cela, M. Fouillée veut mettre des idées ; la façon dont il trace son programme est séduisante. Il montre que toutes les sciences doivent aboutir à la philosophie qui en est le couronnement et, par le fait même, semble appelée à fournir les idées directrices de leur mouvement ascensionnel et de leurs vrais progrès. La théorie en elle-même est exacte, mais M. Fouillée la fausse en essayant de la faire servir au triomphe de sa propre philosophie, qui se rapproche par trop d'endroits de la dogmatique anti-chrétienne dont nous parlions tout à l'heure.

Nous aurons l'occasion de le prouver plus tard par des citations expresses et démonstratives. « La philosophie, écrit-il dans l'opuscule auquel nous nous référons, aborde des questions que nulle science particulière ne peut poser, encore moins résoudre. Pour examiner ces questions de *nature intime, d'origine* et surtout *de fin*, la philosophie contemporaine tient compte non seulement des lois suprêmes de l'intelligence, mais encore des lois de la volonté et même de la sensibilité.... » (p. 174, *loc. cit.*).

M. Fouillée voudrait voir tous les professeurs, d'un

bout à l'autre de l'échelle universitaire, professeurs de lettres, de sciences, de grammaire, d'histoire, etc., pénétrés de ces idées sur les problèmes fondamentaux, de *nature intime, d'origine* et surtout *de fin*, en ce qui concerne l'homme. C'est alors qu'ils exerceraient une action vraiment éducatrice qui, sans cela, est impossible : « Les religions le savent bien, écrit-il, l'éducation moderne ne s'en souvient pas assez. Si l'éducation cesse d'être religieuse, il faut qu'elle trouve ailleurs de quoi fasciner, entraîner, enthousiasmer les âmes. A la magie de l'imagination, il faut substituer celle des grandes idées universelles et des grands sentiments humains... De même que la force de l'enseignement catholique venait de ce que *tous* les professeurs étaient des *prêtres*, et à ce titre des moralistes, des directeurs de conscience, bons ou mauvais ; de même l'enseignement secondaire *laïque* aurait une force irrésistible s'il était donné *par des philosophes, se considérant eux-mêmes plus ou moins comme des prêtres de la société nouvelle fondée sur l'union des libres esprits...* » (*Op. cit.*, pp. 201, 202)

Ces prêtres de la société nouvelle prêcheront ce que M. Fouillée appelle le « *rationalisme éternel* », très différent du « fantaisisme » ou de la « foi du cœur », du sentiment religieux des protestants ; plus encore « du cousinisme » ou culte « du lien commun sous le nom de sens commun ». Notre philosophe ne veut pas davantage des extravagances de Nietzsche ni du contingentisme qui pourrait donner passage au miracle ou à l'intervention d'un Dieu personnel dans la série ou l'enchaînement toujours fatal des causes et des effets. Le rationalisme tout pur, tel que l'entend M. Fouillée, ou la superstition religieuse et tout ce qu'elle entraîne. « Vous écartez ce rationalisme, s'écrie M. Fouillée, eh bien, allez à la messe et prenez de l'eau bénite... » (*Loc. cit.*, p. 188.) C'est bien ce qu'il y aurait de mieux à faire, mais on n'y semble pas disposé.

III. — LE PROGRAMME : SECONDE PARTIE.

L'Amoralisme déterministe.

La question morale fut posée avant la question dogmatique ou plutôt anti-dogmatique dans l'œuvre de la déchristianisation ; c'est qu'elle est avant tout pratique et qu'elle se présenta d'elle-même, lorsqu'on voulut se débarrasser des anciens programmes. Tous mes lecteurs se rappellent le bruit qui se fit autrefois autour des différents manuels de morale civique, comme ceux de MM. Paul Bert, Compayré, Steeg, etc. On peut voir dans les volumes de M. Goyau : *L'Ecole d'aujour-d'hui*, les phases que traversa cette question ; les documents placés à la fin du second sont surtout très curieux et très instructifs. De même encore, les deux chapitres, *l'Ecole et Dieu, la Destinée du mot laïque*, montrent l'élimination progressive de toute morale, ce qui n'empêche cependant que jusqu'en 1892 M. Ferdinand Buisson se défendait, dans la *Revue pédagogique*, de vouloir constituer l'école sans Dieu et sans morale. Nous avons fait depuis beaucoup de chemin ; les principes posés par l'oligarchie pseudo-démocratique l'exigeaient ainsi.

On le comprend bien en parcourant une série de conférences faites par M. Boutroux, alors professeur à la Faculté des lettres de Paris, aux jeunes normaliennes de l'école de Fontenay-aux-Roses, dirigée par M. Pécaut. Ce dernier, ancien pasteur protestant, l'un des fondateurs et vulgarisateurs de la religion sans dogmes, était un esprit très délié et très souple, qui savait marcher à son but par des voies très douces. Pour être associé même temporairement à son œuvre, il fallait avoir quelques-unes de ses qualités, et M. Bou-

troux me semble être dans ce cas (1). Ce n'est ni un sec-
taire ni un violent, il sait parler du christianisme avec
le respect qui s'impose à tout esprit bien fait. La question morale fit l'objet de ses conférences en 1888, 1891
et 1892. Il étudia successivement les trois types principaux de morale : la morale hellénique ou esthétique,
la morale chrétienne ou religieuse, la morale moderne
ou scientifique.

---

(1) On sait que les maîtresses, devant professer dans les écoles normales de province, se recrutaient au début, du moins autant qu'il
était possible, parmi les élèves de Fontenay-aux-Roses. Leur enseignement se ressentait de cette origine : certaines circonstances m'ont
mis en relation, il y a longtemps déjà, avec l'une de ces maisons qui
venait de s'ouvrir au chef-lieu d'un département encore très catholique. On avait très habilement choisi, pour la diriger, une ancienne
maîtresse de pensionnat, fort recommandable par sa piété bien plus que
par une sagacité et une pénétration qui lui eussent été, cependant,
très nécessaires. Près d'elle avait été placée une protestante piétiste,
originaire de Suisse et qui, si je ne me trompe, avait passé quelque
temps à Fontenay-aux-Roses. Son rôle était de supplanter peu à peu
la directrice, non seulement auprès des élèves, mais aussi auprès des
autorités locales et des meilleures familles dont elle travaillait à se
faire bien accueillir.
Je sus bientôt que, sur trente et quelques élèves, vingt-six ou vingt-
huit avaient été élevées par des religieuses qui, croyant recommander
leurs écoles, avaient poussé elles-mêmes ces jeunes filles à prendre
leur brevet simple. Ainsi nanties, ces jeunes filles étaient venues à
l'école normale préparer leurs examens pour le brevet supérieur et
entrer à leur tour dans l'enseignement primaire, où, les premières, elles
firent concurrence à leurs anciennes maîtresses, les religieuses qui les
avaient élevées. Toutes alors avaient fidèlement gardé leurs pratiques
catholiques, et l'on croyait sans doute que leurs élèves en recueille-
raient les bénéfices.
On perdait de vue ce que l'expérience a tant de fois démontré,
c'est que l'université, domestiquée par les politiciens anti-cléricaux,
corrompt la plupart de ceux qu'elle s'incorpore. Très peu de femmes
surtout ont assez de caractère pour résister à ces influences. En réalité, les religieuses qui, fort involontairement sans doute, avaient contribué à fournir des élèves à cette école normale primaire, la femme
très catholique qui en avait la première assumé la direction, avaient
collaboré à une œuvre mauvaise, achevée par cette piétiste protestante, qui en recueillit tout l'honneur et tous les bénéfices, au grand
détriment de toute la région.
Et si je rapporte ce fait, c'est pour montrer une fois de plus que nous
n'avons pas su voir assez tôt le but vers lequel on nous conduisait, ni
nous rendre compte de desseins qu'il était cependant assez facile de
pénétrer et d'apprécier à leur juste valeur.

La morale hellénique renferme beaucoup trop de philosophie et de droit naturel pour être conservée ; elle fait un bien trop fréquent appel à la raison et aux principes que la main créatrice y a gravés. *A fortiori* la morale chrétienne devait être écartée pour des motifs que M. Boutroux n'insinue même pas, tant il est discret et réservé. Restait donc la morale moderne issue des sciences physiques, naturelles et biologiques.

M. Boutroux a, dans cette conférence, un passage d'une vérité absolue et d'une admirable sincérité ; à ce double titre il mérite d'être reproduit ici intégralement : « Dès lors, écrit-il, la méthode est absolument scientifique et la morale comme science est véritablement fondée. Mais le résultat auquel on arrive est évident, et il est proclamé par le naturalisme lui-même : il n'y a plus de morale. Déjà mutilée dans les systèmes construits d'après la méthode des sciences physiques, la morale s'évanouit dans ceux qui la traitent suivant la méthode des sciences naturelles.

« Voici, par exemple, la notion de droit : comment subsisterait-elle ? L'idée du droit repose sur l'idée de liberté et le naturalisme ne *peut voir dans la liberté qu'une illusion*. La science expliquera historiquement la genèse de l'idée du droit ; et le résultat de son explication, ce sera la résolution pure et simple de l'idée du droit dans les conditions d'existence des sociétés humaines.

« Et la charité, comment la défendre ? Elle est absurde dans un système où la destruction des faibles par les forts est la seule loi sociale que connaisse la nature et le seul principe de ce que nous appelons le progrès. Pratiquer la bienfaisance, c'est-à-dire s'intéresser aux déshérités, aux infirmes, aux malheureux, travailler à leur faire une place au soleil, c'est, par ignorance et superstition, tenter de contrarier la marche fatale de la nature : œuvre insensée et stérile.

« Ainsi le système naturaliste satisfait entièrement aux conditions de la science (1) ; mais *il anéantit la morale*. Cela devait être. De prime abord, on a pu être séduit par l'idée de constituer une morale scientifique ; mais la morale et la science sont orientées en sens inverse. La science étudie *ce qui est ;* la morale, ce qui *doit être*, ce qui est convenable ou *obligatoire*. Il est impossible de ramener ceci à cela... » (*Questions de Morale et d'Education*. pp. 46, 47.)

Impossible aussi de mieux dire : il n'y a plus de morale d'aucune sorte, et M. Boutroux en a parfaitement vu la raison fondamentale ; c'est que l'idée du droit et de la morale « repose sur l'idée de liberté », nous dirions, nous, avec une plus rigoureuse exactitude, qu'elle suppose et *implique* l'idée de liberté. Et nous ajoutons avec le sagace philosophe : le naturalisme ne peut voir dans l'idée de liberté qu'une illusion. Nous expliquerons bientôt et assez au long par quoi le naturalisme scientifique a essayé de remplacer la loi morale. Indiquons-le ici d'un mot, par la *loi sociologique* qui suppose et implique, à la place de la liberté, chez ceux qu'elle essayera de domestiquer, le *déterminisme* ou le *serf-arbitre*. Et voilà pourquoi les pseudo-démocrates qui prétendent appliquer cette loi sociologique, ont si souvent et si aisément recours à la force, tout d'abord pour bannir la vieille morale chrétienne qui fait obstacle à leurs desseins. Je ne puis m'empêcher de découvrir ici la puissance logique des idées auxquelles ces sectaires obéissent, sans trop s'en rendre compte peut-être, à l'exception, bien entendu, de ceux qui les conduisent. Autant les premiers importateurs du système, comme Pécaut, Steeg et les autres, étaient au début, en apparence du moins, remplis de mansué-

---

(1) Voir ce que nous en avons dit dans notre précédente étude : *Le Naturalisme scientifique et la déchristianisation*.

tude, autant les politiciens deviennent violents et brutaux, à mesure qu'ils veulent réaliser ces idées, les faire entrer dans les habitudes sociales.

Un homme a uni ou plutôt pratiqué successivement les deux méthodes, mais aussi tout le monde est fixé sur son degré de sincérité et sa valeur morale, c'est M. Buisson. Les autres ont plus de franchise : c'est par des coups de force qu'ils ont banni des classes primaires la morale chrétienne et le catéchisme où elle est écrite, pour substituer à celui-ci les petits manuels de morale civique, se transformant de plus en plus en manuels d'impiétés. Ce sont des coups de force qui ont arraché aux murailles de ces mêmes classes primaires. le crucifix qui symbolisait si tragiquement cette morale chrétienne, pour le jeter au rebut après lui avoir fait subir toutes sortes d'outrages. Les pères de famille protestaient, mais en vain ; des communes entières se sont levées pour le défendre et avec lui l'âme de leurs enfants, rien n'y a fait. Des conseils municipaux ont émis leurs protestations indignées dans les procès-verbaux de leurs séances régulières et légales, à titre de représentants de leurs électeurs. Non seulement leurs délibérations ont été annulées, mais en quelques endroits ils ont été poursuivis correctionnellement pour délation et condamnés à de fortes amendes.

Les violences se sont exercées dans les circonstances les plus odieuses : ce Christ sauveur a été écarté de la couche des chrétiens mourants, comme il avait été écarté de la classe où l'on attire et où l'on détient malgré eux leurs fils et leurs filles. On se souvient du drame lugubre qui suivit la perte d'un des grands vaisseaux de notre flotte, dans le port de Toulon, l'*Iéna*. Nos marins étaient étendus. râlant. sur des lits improvisés ; tous ou presque tous étaient catholiques. Il leur était bien difficile de se ressaisir dans les affres de leur agonie : la seule vue d'un prêtre les eût rappelés à l'appréciation exacte de leur situation et eût réveillé dans leur âme les sentiments de la foi ; leur salut éternel en dépendait cependant. De misérables sectaires, abusant de leur situation et de l'autorité dont ils étaient investis, ont empêché le prêtre de les approcher et les ont condamnés à mourir sans aucun secours religieux.

Il en est ainsi à peu près, dans tous les hôpitaux de nos grandes et même de nos petites villes ; les malheureux qu'on y reçoit sont obligés de prendre, avant même d'y entrer, des précautions minutieuses, s'ils veulent assurer au prêtre catholique la possibilité d'arriver jusqu'à eux. Et un bon nombre n'y songent que torp tard et sont condamnés, eux aussi, à mourir dans un délaissement et un abandon qui font peur. D'autre part, les scènes à demi lubriques qui se déroulent autour d'eux font le plus attristant contraste avec leurs souffrances et sont de nature à leur apporter les plus douloureuses impressions. Un publiciste courageux a pu dire avec vérité : « C'est la bamboche qui veille autour de ces lits d'agonie (1). »

Au début de l'année 1907 paraissait un volume intitulé : *Le Roman d'une Infirmière*, et signé Bru, directeur de l'hôpital Saint-Antoine, avec préface laudative de M. Mesureur, directeur de l'Assistance publique. Ce roman n'est, hélas ! que trop historique et se présente comme tel ; il raconte des choses vécues, comme l'on dit aujourd'hui, et que ma plume se refuse à reproduire (2) !

La force qui exerce des brutalités sur de pauvres êtres qui vont mourir ne craint pas de s'attaquer à l'homme en pleine jouissance de la vie, alors qu'il devrait disposer librement de lui-même et conduire comme

---

(1) TAVERNIER. *Univers* du 22 mai 1907.

(2) Les moins hideuses sont des scènes de saoulerie aux réfectoires ; dans les dortoirs, c'est quelque chose de tellement extravagant et abominable que le récit en serait obsédant et dangereux.

il l'entend ses propres affaires et celles de sa famille.
C'est surtout lorsqu'il est attaché à un service public
quelconque, qu'il est condamné à subir ces violences.
Autrefois les fonctionnaires devaient à l'Etat tout ce
qu'exigeait normalement la situation qu'ils avaient
acceptée ou sollicitée, leur temps, leur dévouement et
leurs efforts dans les limites déterminées par des règle-
ments et des usages qu'ils connaissaient à l'avance ;
mais l'Etat n'avait jamais songé à pénétrer dans leur
vie intime et à se constituer le grand directeur de leurs
affaires domestiques.

Aujourd'hui il n'en est plus de même : le fonctionnaire est une machine à tout faire, un automate que
l'on meut à volonté ; de conscience, il n'a pas le droit
d'en avoir ; c'est un complice qui doit toujours être
prêt à perpétrer les actes criminels que ses supérieurs
hiérarchiques lui imposeront. Et cet esclavage s'étend
sous des formes un peu adoucies à tous les siens, à sa
femme, à ses enfants. On le rendra même responsable
des agissements d'un frère, ou d'un parent sur lequel
il n'a pas la moindre autorité. Sa femme va à la messe,
mauvaise note pour le mari, qui devrait avoir assez
d'empire sur elle pour la détourner de semblables pratiques. Les enfants fréquentent une école catholique :
c'est un crime irrémissible aux yeux de l'administration, qui soutient la maison concurrente où s'élève la
jeunesse libre-penseuse. Le fonctionnaire sera frappé
dans ses intérêts ; sa carrière est brisée. l'avancement
auquel il avait droit lui sera refusé : on ne tiendra
compte ni des services rendus, ni de sa régularité et de
son dévouement dans l'accomplissement de sa tâche.

N'est-ce pas là, je le demande, un abus criminel de
la force. contraire à tout droit. à toute justice, et même
aux lois encore existantes ?

Si l'on veut bien se reporter un instant à l'une de
nos précédentes études, le *Moralisme philosophique*,

et relire avec quelque attention ce que nous y avons écrit sur le déterminisme, on découvrira toute la profondeur de la révolution, non pas seulement religieuse, mais intellectuelle, morale et, par conséquent, sociale, qui est en train de s'opérer dans ce pays. La liberté est le plus précieux des biens, mais aussi le plus difficile à conserver, alors qu'on l'a vaillamment conquis. Or, la liberté qui est comme la racine de toutes les autres, c'est la liberté morale. J'entends désigner par là celle qui a son siège dans la conscience humaine, là où naissent les pensées lumineuses, les déterminations sages et honnêtes, cette liberté qui n'est ni le désordre ni la licence, parce qu'elle s'appuie sur la loi morale qui la dirige et en assure les légitimes développements. Lorsqu'un peuple, pris dans sa généralité, est capable de cette liberté morale et des vertus qu'elle implique, il est apte à toutes les autres, à toutes ces libertés civiques, écrites dans les codes des nations civilisées. Cette liberté morale vient-elle à périr, toutes les autres s'éteignent en même temps.

C'est cette liberté morale qui est menacée de mourir sous les oppressions de la force triomphante. Les indifférents estiment qu'il est inutile et impossible de lutter contre ces oppressions, d'autant plus aisément subies qu'elles se ralentissent, lorsque besoin est. D'autres essayent de se tromper en se disant à eux-mêmes et en répétant à des amis, dupes de la même illusion, que cela ne peut durer, qu'il n'y a là qu'une crise dont il faut prendre son parti. Et ils ne remarquent pas que de telles dispositions et un tel langage sont propres à consolider le règne des forbans qui se sont emparés du pouvoir politique.

D'autre part, les hommes qui conduisent savent très bien ce qu'ils font, où ils veulent aller et quels sont les moyens de réussir. Ils nous diront eux-mêmes que ce mouvement doit être non une révolution, mais une évolution, nécessairement lente afin d'aboutir plus sûrement. Au moment favorable ils donnent un tour de vis, selon leur expression, mais après s'être assurés que la pression exercée par eux ne dépassera pas ce que permettent l'inertie et la passivité du grand public. Leurs prescriptions législatives constituent une sorte de mécanisme qu'ils manœuvrent à leur gré, toujours dans le but constant. non pas seulement d'asservir, mais d'habituer le public à cet asservissement progressif. C'est la mise en œuvre de ce déterminisme précédemment étudié, sous sa première forme, toute mécanique, puisqu'elle consiste ici dans l'emploi plus ou moins modéré de la force.

Nos pseudo-démocrates utilisent tout également, pour la dégradation et l'asservissement de ce pays, ce déterminisme physiologique, produit par les passions mauvaises que tout homme sent gronder à certaines heures au fond de son être. Ils sont habiles à exciter et enflammer ces passions. surtout au sein des masses ouvrières. N'ont-ils pas à leur service toutes sortes de moyens, et tout d'abord la presse pornographique, les journaux à un sou qui se donnent pour rien, au jour où ils racontent les scènes les plus lubriques, et tiennent école publique de dépravation ? Ce n'est point assez ; il faut faire revivre, sous les yeux de tous, ces scènes elles-mêmes. Des créatures en chair et en os les reproduiront et mettront en saillie ce qu'elles ont de séduisant et de corrupteur. Les théâtres où s'exhibent toutes ces immoralités sont non seulement tolérés, mais soutenus et encouragés de mille manières. Là, les volontés s'énervent. les caractères s'abaissent, les cœurs se corrompent. l'homme tout entier se déprave. C'est bien ce que l'on veut, car l'être humain ainsi défait est prêt à toutes les servitudes. Lorsque la corruption coule à plein bord, la liberté morale a disparu, entraînant avec elle dans une commune ruine toutes les autres. C'est ce que l'on appelle le *déterminisme physiologique*.

Le déterminisme intellectuel achève toutes les destructions en les justifiant, et voici comment on le pousse à tout excès dans notre pseudo-démocratie.

Nous savons que la philosophie universitaire accepte comme un axiome l'impossibilité, pour nous, d'atteindre à la certitude du monde extérieur au moyen de nos facultés sensibles, pas plus qu'à la certitude du principe pensant, au moyen de l'introspection psychologique. A plus forte raison toutes les vérités enseignées par l'ancienne métaphysique sont-elles en dehors de nos prises. Partout l'incertitude et le doute, en dehors des phénomènes et de leurs relations ; et encore faudrait-il apporter ici bien des réserves que nous avons bien des fois formulées ailleurs. Ces données une fois admises, le criticisme a beau jeu pour échafauder ses théories et les varier indéfiniment. Libre à lui d'enseigner sur les mêmes choses le oui et le non, le pour et le contre; il se plaît à ces sortes d'exercices d'acrobatie intellectuelle.

Je lisais tout récemment quelques pages tristement suggestives sur les différentes manières dont le monisme était entendu chez les princes de la philosophie universitaire, car tous ou à peu près tous tiennent pour le monisme. Mais est-ce pour le monisme matérialiste ? Il ne parait pas, au moins en ce qui concerne les plus écoutés et aussi les plus nombreux ; leur monisme est idéaliste ou de caractère psychique. Mais en quoi consiste ce psychisme ? Ne le leur demandez pas, ils n'en savent rien du tout ; ou, si vous aimez mieux, ils vous donneront les solutions les plus contradictoires. Cela importe assez peu du reste ; car leur psychisme ne diffère pas sensiblement du matérialisme le plus cru ; c'est tout simplement un des aspects de la matière, ou bien encore la matière est l'un des aspects de l'esprit ; une sorte de condensation de ses propres produits, un mécanisme de sa création qui l'entrave plus qu'il ne le sert.

Ce sont cependant toutes ces incohérences que l'on

nous donne aujourd'hui comme le dernier mot de la science philosophique, et des catholiques et même des prêtres en demeurent convaincus. Faut-il s'étonner que les grandes masses populaires, incapables de toute réflexion personnelle, acceptent pêle-mêle les conclusions qu'il plaît aux maîtres en renom de tirer de toutes ces doctrines contradictoires ? Celles de ces doctrines qui favorisent le plus les passions mauvaises seront les mieux accueillies du plus grand nombre. On a dit à ces pauvres gens qu'il n'y a plus ni Dieu, ni âme, ni loi morale, que ce sont là choses mortes, croyances vieillies et périmées. Le monisme à deux faces se présente pour remplacer leur foi éteinte, leurs croyances disparues ; ils iront d'instinct à ce qu'il y a de plus bas dans la nouvelle doctrine. Le psychisme ne leur dit rien ; mais quand on leur expliquera que l'homme descend du singe, qui lui-même est venu de la cellule primitive, à travers toutes les transformations des espèces intermédiaires, ils concluront au matérialisme pur et simple et agiront en conséquence.

C'est le déterminisme intellectuel qui vient corroborer le déterminisme physiologique auquel ils n'étaient que trop dociles ; les deux une fois réunis emportent tout. M. Fouillée a assez bien nommé cette conjonction, l'*idée-force* ; il nous explique en cent endroits de ses nombreux ouvrages que l'idée toute pure ou simplement spéculative n'exerce qu'une influence restreinte. Pour qu'elle soit réellement puissante et entraîne toute la conduite, il est nécessaire qu'elle devienne sentiment ; et c'est vrai. Mais qu'est-ce donc, lorsqu'elle se mêle à la passion, ou plutôt aux passions mauvaises, en les justifiant par toutes sortes d'explications prétendues scientifiques ? C'est alors qu'elle est réellement l'idée-force et se réalise effectivement et sans retard.

Nos pseudo-démocrates l'ont bien compris : ils jettent dans la circulation intellectuelle la plus intense les doctrines élaborées dans les hautes sphères de l'université. Ces idées sans cesse répétées par une presse vendue s'incrustent, telles quelles, dans des cerveaux inaptes à tout travail de sélection. Elles s'y enfoncent de plus en plus, de manière à y produire une sorte d'obsession à laquelle le plus grand nombre ne saurait plus s'arracher. Vous avez un peuple asservi et qui ne sait plus ni voir ni sentir son asservissement : les cœurs sont esclaves des passions, les volontés esclaves de la force, les esprits esclaves des préjugés les plus faux. Et tout cela est entré dans la loi ; ce sont là les éléments essentiels de la légalité qui courbe toute une nation déprimée, sous un joug dégradant et honteux, contre lequel personne n'ose plus s'insurger.

Telle est l'œuvre du triple déterminisme préconisé par la philosophie à la mode, que la pseudo-démocratie a introduit au sein de notre pauvre France, comme son auxiliaire indispensable et le complice de tous les crimes qu'elle a déjà perpétrés.

CHAPITRE V

La déchristianisation :
Séparation de l'Eglise et de l'Etat.

Toutes les causes de déchristianisation et de désorganisation sociale que nous avons énumérées jusqu'ici, ont eu comme leur aboutissement et leur concentration dans la loi dite de séparation. Qu'elles aient contribué à la préparer, cela n'est que trop évident ; ce qui est également certain, quoique moins aperçu peut-être, c'est que cette loi organise en quelque sorte ces causes de notre ruine sociale et religieuse, les rend plus actives, plus efficaces, en consacre surtout et en perpétue les résultats. Nous n'en donnerons que trop de preuves, au cours de cet ouvrage.

Qu'est-ce donc au juste que cette séparation de l'Eglise et de l'Etat ?

Il serait peut-être bon de commencer par un exposé des principes qui dominent et éclairent toute cette question ; nous avons cru cependant qu'ils sont assez connus de nos lecteurs pour nous dispenser d'y insister, surtout après ce que nous avons déjà écrit à ce sujet. Il y a plus de quinze ans déjà que nous l'abordions avec des pressentiments et des craintes qui ne se sont que trop justifiés. Nous venons de relire les pages que nous lui avons consacrées dans notre volume : *l'Eglise ou le christianisme vivant*, sous ce titre : *La politique extérieure de l'Eglise*. En réalité, c'est la thèse des rapports de l'Eglise et de l'Etat, qui se dessine là dans ses lignes générales.

Ces rapports peuvent revêtir bien des formes plus ou moins acceptables, depuis l'union étroite, trop étroite peut-être, qui existait au moyen-âge, jusqu'à cette indépendance réciproque et relative aujourd'hui en vigueur dans certains pays comme l'Amérique, l'Angleterre et la Belgique, en passant par les concordats, existants en Allemagne et naguère en France.

Que demande l'Eglise, lorsque ces questions se débattent ! Une seule chose, le libre exercice des droits et prérogatives dont le Christ l'a investie pour qu'elle puisse accomplir sa divine mission, qui est de conduire à leur fin dernière, au ciel, les âmes baptisées dans le sang du Rédempteur. Ces droits et prérogatives, dont, en aucun cas, elle ne saurait consentir à se dépouiller sont : la libre prédication de son dogme ; l'administration de ses sacrements, la célébration de son culte, la libre communication du pape avec ses évêques et ses prêtres, et par ceux-ci avec le peuple chrétien, la promulgation de ses lois et ordonnances et, pour tout résumer en un mot, la liberté de son gouvernement spirituel et ecclésiastique. Ce gouvernement n'est pas un être de raison, ou si l'on aime mieux, un être fantastique et d'imagination, mais quelque chose de très réel, un gouvernement qui a la prétention de régir l'être humain tout entier, esprit, cœur, volonté, énergies physiques et corporelles, *en tout ce qui intéresse sa fin dernière* et l'obtention de ses destinées suprêmes. Or, c'est ici-bas, au milieu des contingences de ce monde, que se prépare cette destinée. C'est donc ici-bas, au milieu de ses préoccupations terrestres, que l'Eglise atteint le chrétien qui, *pour toutes ces choses morales et spirituelles*, est soumis à sa direction, est son sujet au sens propre de ce mot.

Ce chrétien est en même temps citoyen et, à ce titre, sujet d'une puissance politique qui a sa sphère propre où elle est pleinement indépendante, des intérêts qu'elle gère comme elle veut ou comme elle peut et dont l'Eglise ne se mêle point comme puissance antagoniste. Cette Eglise a épuisé son droit et son devoir, quand elle a rappelé la loi morale qui règle les actions humaines et a, par suite, son contre-coup indirect sur les intérêts qui dépendent de ces actions elles-mêmes. A moins de déclarer l'homme, qu'il soit citoyen d'un empire ou d'une république, exempt de toute obligation morale, il faut bien admettre entre les deux sociétés auxquelles il appartient, des points de contact et des relations nécessaires, qu'il est parfois assez délicat et assez difficile de déterminer. La séparation absolue, radicale, de ces deux sociétés est chimérique; elles se rencontrent un jour ou l'autre nécessairement; si elles se heurtent, la vie religieuse et sociale en est troublée; la déchirure qui se fait dans la conscience nationale est parfois profonde, si profonde qu'un peuple pourrait en mourir. L'intérêt de tous est que les deux sociétés, civile et religieuse, s'accordent et s'harmonisent, ce qui peut se faire de bien des façons, notamment par cette indépendance réciproque et relative qui n'exclut point des rapports de commune bienveillance et de bon voisinage, si je puis dire.

En quoi la séparation, telle qu'on l'a faite chez nous, diffère-t-elle des situations diverses ci-dessus énumérées? On le comprendra mieux, lorsque nous l'aurons considérée quelques instants en ce qui l'a préparée, en ce qui la constitue et en ce qui en est déjà sorti.

I. — LES ANTÉCÉDENTS

Ce qu'il y a de plus douloureux pour un catholique dans les événements des trente dernières années, et la lutte engagée contre l'Eglise, c'est de voir, d'un côté, l'exécution d'un plan parfaitement arrêté et, de l'autre, les hésitations et les incertitudes qui résultent d'une ignorance quasi-absolue de ce plan si fermement arrêté et suivi. Aujourd'hui, en effet, il est clair comme le jour qu'un même esprit a présidé à toutes ces agressions contre le catholicisme, les a mûries, délibérées et enfin les a conduites jusqu'à leur achèvement ou plutôt jusqu'au triomphe quasi complet que personne ne semble pouvoir arrêter efficacement.

Comment méconnaître cette unité de direction, lorsqu'on remonte jusqu'à ce fameux article 7 de la loi contre l'enseignement secondaire et supérieur, déposé sur le bureau de la Chambre, le 15 mars 1879, par J. Ferry et dont Spuller se fit le rapporteur. L'article 7 était ainsi conçu : « Nul n'est admis à participer à l'enseignement public ou *libre*, ni à diriger un établissement d'enseignement de quelque ordre que ce soit, s'il appartient à une congrégation religieuse non autorisée. » Les autres articles affaiblissaient les universités catholiques, récemment fondées, mais ils n'avaient pas la gravité de celui-ci. Le rapporteur le rendait plus odieux encore par les explications qu'il en donnait : « cet article, disait-il, frappe les congréganistes, non seulement comme parties intégrantes d'une association prohibée, mais comme individus et enlève à chacun la capacité d'enseigner d'une façon quelconque. »

On se le rappelle, le rejet de cet article 7 amena les décrets du 29 mars 1880 et les violences qui en furent la suite. La guerre à l'Eglise n'a jamais cessé depuis. Ses ennemis s'aperçurent qu'ils étaient allés trop vite et que l'opinion publique n'était pas préparée à les suivre, surtout l'opinion de cette bourgeoisie qui était atteinte par les mesures de violence contre les établissements d'instruction secondaire. Et de fait, il a fallu plus de vingt ans de lutte pour arriver à la destruction de ces congrégations non autorisées, œuvre de la loi du 1er juillet 1901. Le rejet de l'article 7 fit réfléchir les loges maçonniques et leurs séides : on résolut de travailler à la formatio 1 d'une mentalité nouvelle, faite d'ignorance, de préjugés et surtout de passions, qui préparerait le pays tout entier et surtout les masses ouvrières à subir leur tyrannie. C'est par là qu'il fallait commencer.

Les lois sur l'instruction gratuite, laïque et obligatoire, furent élaborées dans ce but et finalement votées, la première en 1881 (16 juin), les autres le 28 mars 1882 et le 30 octobre 1886. Il n'y avait plus qu'à en activer le fonctionnement et à attendre les résultats. Dix années après, la neutralité produisait ses premiers fruits, un peu hâtés par la chaleur des luttes électorales. Dès le premier instant, cette neutralité scolaire portait en elle la haine de Dieu et de son Christ et la guerre à l'Eglise.

Il serait bien trop long d'énumérer les lois antichrétiennes édictées depuis ; elles sont si multiples, si compliquées, que l'immense majorité des catholiques en a perdu jusqu'au souvenir, tandis que nous devrions les avoir toujours présentes, afin d'exciter notre zèle à les combattre et d'en noter les résultats à mesure qu'ils se déroulent sous notre regard.

Le dernier de tous, je veux dire celui que nous avons surtout à déplorer en ce moment, c'est la séparation de l'Eglise et de l'Etat. Toutes ces lois forgées par la franc-maçonnerie au pouvoir depuis Jules Ferry, sont autant d'antécédents qui préparaient cette séparation et nous y acheminaient peu à peu. Le pape Pie X nous le rappelait dans l'Encyclique *Vehementer* du 11 février 1906 en des termes qui méritent d'être retenus :

« Evénement des plus graves sans doute que celui-là,
« écrit-il en parlant de la loi de séparation ; événement
« que tous les bons esprits doivent déplorer, car il est
« aussi funeste à la société civile qu'à la religion ; mais
« événement qui n'a pu surprendre personne, pourvu
« que l'on ait prêté quelque attention à la politique
« religieuse suivie en France dans ces dernières années.
« Pour vous, vénérables frères, elle n'aura été bien cer-
« tainement ni une nouveauté, ni une surprise, témoins
« que vous avez été des coups si nombreux et si redou-

« tables tour à tour portés par l'autorité publique à la
« religion. Vous avez vu violer la sainteté et l'inviolabi-
« lité du mariage chrétien par des dispositions législa-
« tives en contradiction formelle avec elle ; laïciser les
« écoles et les hôpitaux ; arracher les clercs à leurs
« études et à la discipline ecclésiastique pour les as-
« treindre au service militaire ; disperser et dépouil-
« ler les congrégations religieuses et réduire la plu-
« part du temps leurs membres au dernier dénûment.
« D'autres mesures légales ont suivi que vous connais-
« sez tous : on a.abrogé la loi qui ordonnait des prières
« publiques au début de chaque session parlementaire
« et à la rentrée des tribunaux ; supprimé les signes de
« deuil traditionnels à bord des navires, le vendredi
« saint ; effacé du serment judiciaire ce qui en faisait le
« caractère religieux ; banni des tribunaux, des écoles,
« de l'armée, de la marine, de tous les établissements
« publics enfin, tout acte ou tout emblème qui pourrait
« d'une façon quelconque rappeler la religion. Ces me-
« sures et d'autres encore, qui peu à peu séparaient de
« fait l'Eglise de l'Etat, n'étaient rien autre chose que
« des jalons placés dans le but d'arriver à la séparation
« complète et officielle ; leurs promoteurs eux-mêmes
« n'ont pas hésité à le reconnaître hautement et maintes
« fois... »

J'oserai ajouter à des considérations si justes et si
vraies que chacune de ces mesures préparatoires, considérée en elle-même, révélait déjà quelle serait la nature
propre de cette séparation en perspective, son but et sa
portée, je veux dire la destruction absolue et radicale du
christianisme tout entier. Chacune de ces mesures préparatoires, chacun de ces antécédents, frappait en effet,
le christianisme, en quelques-uns de ses éléments essentiels. Ce n'était point dès lors une lutte de personnes et
une rivalité d'influences, comme il y en a eu en si grand
nombre au cours des siècles, mais une lutte d'idées et

de principes. On parlait de cléricalisme, il est vrai, mais c'était afin de mieux masquer le but et de frapper plus sûrement. Aujourd'hui cela s'avoue sans la moindre réserve : « Ce que nous voulons détruire, disait récemment l'un des coryphées de la politique jacobine, c'est la religion. » Et si l'on en voulait des preuves plus nombreuses, on n'aurait qu'à ouvrir, entre vingt productions analogues, le très instructif et très courageux livre de M. Jean Guiraud, la *Séparation et les élections*. Cet auteur a enregistré les déclarations les plus explicites des loges maçonniques à ce sujet. Or, c'est là, dans ces loges, que tout s'est préparé, c'est de là que sont partis les ordres d'exécution, car c'est dans ces antres que réside, depuis bien des années, le vrai gouvernement, dont les différents ministères qui se succèdent ne sont que les obéissants serviteurs.

Comment nous, catholiques, ne l'avons-nous pas vu ? Comment la plupart d'entre nous se sont-ils mépris sur de pareils enchaînements de faits ? Comment un trop grand nombre, à l'heure même où j'écris ces lignes, se font-ils à ce sujet les plus étranges illusions ?

Deux causes me semblent devoir être assignées à cette étrange attitude ; l'une est prise du côté de nos adversaires, l'autre est à rechercher dans les rangs catholiques. Dans tout parti nombreux il faut s'attendre à rencontrer des caractères très différents et même très opposés, les uns violents et brutaux, les autres doux et modérés, les uns braves et sincères dans leurs emportements comme dans leurs actes réfléchis, les autres dissimulés et retors, habiles à tromper qui n'est pas, avec eux, toujours sur ses gardes. Parmi les ennemis de l'Eglise, ceux qui lui ont fait le plus de mal ne sont pas les hommes francs et sincères jusque dans leurs haines, mais les dissimulés et les habiles ; ce sont plus encore peut-être les modérés par nature, dont les violents se sont servis comme de couverture. Combien de fois ces pacificateurs à outrance sont-ils venus à nous avec le rameau d'olivier à la main ; ils prêchaient la réconciliation et l'entente, mais à la condition que les catholiques en eussent fait tous les frais. De tous les ministères, n'est-ce pas le plus modéré qui se vantait d'avoir fermé plus d'écoles primaires religieuses qu'aucun de ceux qui l'avaient précédé ?

Ce qui rendait leurs démarches bien plus dangereuses, c'est qu'il s'est trouvé dans les rangs catholiques tout un parti toujours prêt à les accueillir, à faire valoir l'opportunité de leur intervention, à conseiller avec insistance toutes les concessions possibles et à considérer, comme ennemi de l'Eglise elle-même, quiconque refusait de traiter dans les conditions proposées. Comme il ne me convient aucunement de réchauffer ici des dissentiments mal éteints, je ne veux pas entrer dans les récriminations qui s'échangeaient de part et d'autre, ni dans l'appréciation des intentions que l'on se prêtait, pas toujours gratuitement. Je voudrais, autant que possible, m'en tenir à la constatation des faits, pour en prévenir le retour ou, hélas ! en empêcher le maintien et la continuation ; tout en laissant à chacun le soin de rechercher, dans un sérieux examen de sa conscience, la participation qu'il y a eue.

Ce qui a rendu ces tentatives plus ou moins sincères de rapprochement toujours inefficaces, c'est tout d'abord et principalement que, du côté des adversaires, ceux qui les proposaient étaient absolument incapables de les faire prévaloir au sein de leur parti. Les hommes qui ont réellement gouverné ce parti ont, sans rémission aucune, travaillé avec un inlassable acharnement à la destruction du Christianisme. Et j'applique cette observation à l'époque où Spuller et d'autres nous parlaient de l'esprit nouveau. Cet esprit nouveau pouvait être sincère, mais il n'était qu'à la surface, et ne pénétra jamais jusqu'à ces couches profondes du parti, où tout se décidait.

Dans les rangs catholiques où ces tentatives étaient accueillies, et où l'on travaillait à leur réalisation, outre qu'on a toujours refusé de voir leur inanité, on évitait de préciser le terrain sur lequel aurait dû s'opérer cette pacification. Cette équivoque était exploitée d'une façon constante par les adversaires, et les chefs de l'église n'ont jamais pu les en faire sortir.

Cela paraît dans deux documents que je regrette de ne pouvoir reproduire ici à cause de leur longueur, la lettre de Léon XIII à M. Loubet (23 mars 1900) et la réponse de ce dernier.

Léon XIII formule avec la dernière précision ses griefs; ce sont les projets de lois contre la liberté d'enseignement, contre les congrégations religieuses et les pénalités applicables au clergé. Il en démontre le mal fondé, ou pour mieux dire, l'injustice intrinsèque, les inconvénients très graves et les déplorables résultats.

Que lui répond le modéré et pacifique M. Loubet qui, il l'affirme, « désire plus que personne le maintien de la paix religieuse et la légale exécution du concordat? » Il reproche à « des membres de l'épiscopat, au clergé et aux congrégations, d'avoir cru pouvoir critiquer avec violence le gouvernement et *les lois du pays* et de s'être lancés dans les *luttes politiques* au lieu de se renfermer étroitement dans leur ministère ». Puis il plaide son irresponsabilité, en d'autres termes, son impuissance.

Mais, en définitive, que faisait Léon XIII lui-même dans sa lettre, si ce n'est ce que Loubet reprochait aux évêques et au clergé. Le pape se plaignait à son tour des *lois injustes* que l'on projetait, comme de celles déjà édictées ; et il ne croyait point, pour cela, « se lancer dans les luttes politiques, ni sortir de son ministère » pontifical. Le pape établissait *une distinction qu'il a vingt fois rappelée*, entre la République, les formes du pouvoir gouvernemental, le gouvernement, si l'on veut, et les lois mauvaises, iniques, brutales, portées par ce gouvernement, mais qui ne sont point essentielles au régime républicain, ni aux formes constitutionnelles.

Que fait le modéré M. Loubet? Qu'on relise sa lettre (document IV, du livre blanc du Saint-Siège). Il unit ce que le Pape distingue et sépare ; il confond constitution républicaine et *lois édictées par la république*. Ce qu'il veut, c'est la soumission du clergé « *aux lois du pays* » comme il s'exprime, à toutes les lois du pays, aux lois contre l'enseignement, les congrégations religieuses, etc., sitôt qu'elles seront votées.

A prendre les choses au vrai et en elles-mêmes, il faut bien reconnaître qu'entre l'Etat français et l'Eglise, toutes les tentatives de rapprochement et d'accord se sont opérées sur *cette équivoque*, et, pour surcroît de malheur, ceux qui s'en faisaient les patrons dans les rangs de nos adversaires, ont toujours été impuissants à les conduire à terme, y compris nos présidents de république. Mais l'ont-ils réellement voulu et essayé? Rome a tout fait pour dissiper l'équivoque, jamais elle n'y a réussi. Bon nombre de catholiques français ont-ils imité sa précision, *son intransigeance*, à l'encontre des lois violatrices de ses libertés essentielles, sa prudente souplesse pour sauvegarder les principes? cela ne m'apparaît pas. Ceux qui prêchaient l'entente et l'accord n'y mettaient point les conditions indiquées; ils franchissaient d'un bond tous les obstacles, oubliaient les lois scélérates et, au besoin, en prêchaient le respect. L'attentat aux libertés de l'Eglise une fois consommé devait être considéré comme un point acquis, sur lequel il ne fallait plus revenir, actuellement du moins.

Ces hommes bien intentionnés, je le veux croire, travaillaient à leur manière, comme le modéré M. Loubet, à faire un bloc intangible des lois scélérates et des formes constitutionnelles, de la république et de tous les crimes qu'elle a perpétrés. Aujourd'hui le bloc, non seulement existe, mais est triomphant, grâce à ces

coopérations imprévoyantes et inavouées à l'heure où
j'écris ces lignes. Tout récemment, à la tribune française, un député portant soutane reprochait, sous des
formes très transparentes, au Pape et à l'épiscopat
français, de n'avoir pas adhéré à l'attenta* suprême,
commis par la république de son cœur, à cette loi de
séparation qui aurait fait de l'Eglise de France une
agglomération immense et informe de petites communau-
tés plus que presbytériennes, laïques au sens forcé de
ce mot, organisations protestantes, d'un genre nouveau.
Ce député n'a rien compris de tout cela, il n'a vu que son
rêve d'accomodation catholico-républicaine. Avec une
naïveté que rien ne pourra jamais corriger, il continuera
d'être l'utopiste de la conciliation et de la confiance
quand même, ainsi qu'il s'est défini assez exactement.
L'Eglise qui veut vivre, ne le suivra pas, précisément
parce qu'elle veut vivre (1).

L'une des plus grandes illusions caressées par notre
jeune démocratie, c'est que les jacobins qui, depuis si

---

(1) Dans une sphère inférieure, un phénomène analogue se produit ;
Le créateur et le directeur du *Sillon* qui a fait entendre sur tous
les points de la France de si éloquentes homélies sur la régénéra-
tion du pays par l'Eglise et la démocratie, s'est égaré jusqu'à
vouloir établir une fusion entre les jeunes catholiques qui subis-
sent son influence et les *unions protestantes* dont M. Ed. Soulier est
le secrétaire. MM. Sangnier et Soulier se donnent la réplique, et
l'apôtre du Sillon prêchait dernièrement son nouvel Evangile dans
le temple protestant de Raincy.
Voici ce que je lis dans l'*Avant-Garde*, 15 décembre 1907, journal
protestant libéral très avancé, dont le programme semble se résumer actuellement en trois mots : ni catholicisme, ni protestantisme, mais un christianisme social. Et on devine ce qu'il entend
par là.
« Aujourd'hui, ce ne sont pas seulement quelques réformateurs
qui se lèvent, c'e t un mouvement profond qui se dessine dans
tout le monde catholique ; en France, en Italie, chez les peuples ger-
ma iques, en Amérique. Pour ne parler que de notre pays, *ce
mouvement a-t-il un grand avenir ?*
« Nous ne fondons pas un grand espoir sur l'action du *clergé
moderniste*. Plusieurs de ses représentants les plus connus nous ont
paru plus riches en intelligence qu'en caractère. Ils ont voulu
défendre l'Eglise à leur manière, et quand le tribunal de l'ordinaire

longtemps, dirigent toute notre politique républicaine, s'arrêteraient devant le clergé séculier et limiteraient les destructions projetées aux congrégations religieuses. Pour les mieux tromper, Waldeck-Rousseau semblait plus modéré encore ; les congrégations hospitalières seraient entièrement respectées. Quant au clergé séculier, non seulement ses droits demeuraient saufs, mais c'est lui, autant que l'Etat, que l'on prétendait défendre contre les empiétements de ces congrégations, « prédicantes, enseignantes et commerçantes ». Je crois même qu'en cherchant bien dans les nombreux discours du plus violent de tous les blocards, M. Combes, on trouverait çà et là des déclarations de sympathie respectueuse et attendrie, en faveur des prêtres concordataires, comme on les nommait alors. En tous cas, ces déclarations étaient de la monnaie courante à cette époque. Et je crois vraiment qu'elles ont été prises au sérieux par un grand nombre d'ecclésiastiques, qui

---

est intervenu, ils ont cessé de soutenir leurs idées. En fait, ils les ont abandonnées à la libre-pensée qui a su les interpréter et les exploiter à sa façon. Mais peut-on condamner des hommes qui doivent ou se taire ou sortir de l'Eglise et devenir comme des parias dans notre société ?

« Au contraire, *on peut avoir confiance en l'avenir des œuvres de jeunesse catholique, démocratique et laïque.* Malgré toutes les oppositions, le *Sillon* se développe et s'impose. Marc Sangnier et ses lieutenants se font écouter et applaudir par d'immenses auditoires populaires ; *le* Sillon *a besoin de nous comme nous avons besoin de lui.* Il ne s'agit pas pour nous de faire aucune concession de principes ; (aucun de nous ne pense à s'incliner, par exemple, devant la notion catholique de l'autorité). Il ne s'agit pas davantage, pour les *Sillonnistes* de sortir *hic et nunc* de leur église. Chacun de nous attendra dans un service joyeux la révélation des initiatives et des devoirs nouveaux que Dieu veut lui accorder. Pour le moment, dans la communion d'un même amour, pour le Christ et pour notre peuple, nous pouvons associer nos efforts, élargir notre horizon et recevoir de grandes bénédictions. On sait qu'il ne s'agit pas là d'un rêve, mais que dans plusieurs circonstances *unionistes* protestants et *sillonnistes* catholiques ont fait l'expérience que ces rencontres étaient possibles et bienfaisantes. C'est dire qu'elles sont nécessaires ; ne pas tenir compte de telles expériences serait pécher contre la lumière, et presque contre le « Saint-Esprit ».

auraient dû se souvenir des atteintes déjà portées à leur ministère par maintes lois antérieures.

La raison fondamentale pour laquelle cette distinction entre le clergé séculier et régulier ne pouvait avoir aucune portée, c'est que ces politiciens n'ont qu'un but, détruire le christianisme, et qu'en définitive le christianisme est comme incarné tout d'abord dans le clergé paroissial, celui qui est en rapport plus constant et plus direct avec les populations. Afin de ne point alarmer celles-ci, il ne fallait toucher aux curés et aux évêques qu'en dernier lieu, ruiner auparavant toutes les autres influences religieuses, disperser ces associations qui étaient comme les troupes d'avant-garde de l'armée catholique. C'est ce que les jacobins appellent sérier les questions, les disjoindre, afin de les solutionner plus aisément.

Aussi les corporations religieuses une fois dissoutes, ou même non encore dispersées, mais frappées à mort par la loi de 1901, on entama la hiérarchie ecclésiastique et on dirigea les premiers coups vers les centres vitaux. Ce fut en premier lieu la question du *nobis nominavit*, locution insérée depuis bien longtemps dans les bulles d'institution des évêques. On en trouvera tous les éléments dans le *Livre blanc* du Saint-Siège. Ce n'était pas là une simple querelle de mots, comme la suite ne le prouvera que trop. A peine Léon XIII eut-il concédé la suppression de ce mot, *nobis*, à la condition que les *lettres patentes* ou de présentation des évêques nommés au Saint-Siège, lettres qui exprimaient exactement la même idée, seraient rédigées dans les mêmes termes qu'auparavant, que le ministère Combes, succédant au ministère Waldeck en juin 1902, traduisait brutalement dans les faits, la pensée inspiratrice de toute cette machination.

Il élevait la prétention de nommer directement les évêques, sans aucune entente préalable avec Rome et il réclamait impérieusement, ensuite, l'institution canonique des sujets présentés, dont il livrait à l'avance les noms à la publicité du *Journal officiel.* Le Saint-Siège n'aurait eu qu'à enregistrer les actes souverains de ce potentat, qui refusait insolemment au *nonce* une entrevue sollicitée pendant des mois entiers, et laissait quinze sièges épiscopaux vacants, à la fin de sa grotesque et malfaisante dictature.

La visite de M. Loubet à Victor-Emmanuel III à Rome le 4 avril 1904, vint aigrir les relations déjà si tendues. Dès le 8 juin 1903, par ordre de Léon XIII, le Cardinal secrétaire d'État avait présenté au Gouvernement français des observations sur cette visite déjà projetée et annoncée. Outre qu'elle ne pouvait être qu'une excitation et une sorte d'appel aux passions antireligieuses et aux trames maçonniques contre le Saint-Siège, elle serait considérée comme un acquiescement de la part de la France à la spoliation des Etats pontificaux contre laquelle la papauté protestait toujours. La visite fut, comme il était aisé de le prévoir, l'occasion des manifestations les plus injurieuses pour le Souverain Pontife ; aussi les représentants du Saint-Siège reçurent-ils une note de protestation qu'ils devaient communiquer aux gouvernements près desquels ils étaient accrédités. Cette note qui devait demeurer secrète, fut livrée à un journal français, par l'indiscrétion du prince de Monaco, qui, dans la circonstance, comme dans quelques autres du reste, put bien n'être qu'un agent du bloc. Toujours est-il que nos blocards en prirent occasion de rappeler M. Nisard leur ambassadeur, momentanément remplacé par un simple chargé d'affaires, M. de Navenne.

Les congrégations romaines avaient dû, assez longtemps auparavant, s'occuper de la situation anormale des deux diocèses de Laval et de Dijon. Ordre avait été donné aux Ordinaires de ces diocèses de venir à Rome, et de fournir les explications qui leur étaient demandées.

Ces affaires sont trop tristes et trop connues pour que nous y insistions ici. Le Gouvernement français, conséquent avec ses propres principes, trouva très mauvais que le Pape exerçât son droit et accomplît son devoir de surveillance et, au besoin, de répression sur des évêques catholiques, soumis comme tels à sa juridiction. Il lui eût fallu, aux yeux de nos blocards, en obtenir l'autorisation, sinon directement du Grand Orient, du moins de son délégué, le président du Conseil. De cette sorte le Grand-Orient eut dirigé d'un seul coup et la politique française et le gouvernement pontifical. Celui-ci recevait sommation de retirer les lettres du 4 et du 10 juillet à l'évêque de Laval.

« Le retrait, répondit le Cardinal secrétaire d'Etat, « équivaudrait à l'abdication complète de l'autorité « pontificale sur l'épiscopat, abdication qui n'est pas au « pouvoir du Saint-Père et qui ne peut pas être dans les « intentions du gouvernement de la République. »

Puis, le cardinal proposait de proroger d'un mois le délai assigné à l'évêque, mandé par le Saint-Office ; afin, disait-il, de montrer, par cet acte de déférence, quel grand intérêt le Saint-Siège attache au maintien des bonnes relations avec le gouvernement de la République, relations fondées sur l'exacte observation des dispositions concordataires.

Mais le Gouvernement de la République ne voulait pas de ces bonnes relations ; ce qu'il exigeait, c'était « cette abdication complète de l'autorité pontificale sur l'épiscopat, abdication qu'il n'était pas au pouvoir du Saint-Père de consentir ». C'est cette opposition contradictoire, dont tant d'actes précédents étaient comme imprégnés, qui détermina la rupture. Le 30 juillet 1904, le chargé d'affaires à Rome déclarait au Secrétaire d'Etat « que le gouvernement de la République était décidé à mettre fin aux relations officielles », et à Paris, M. Delcassé communiquait à Mgr Lorenzelli la

même décision, ajoutant qu'il considérait comme ter
minée la mission du nonce apostolique.

On allait travailler à la rédaction de la loi dite de
séparation des Eglises et de l'Etat.

II. — LA SÉPARATION

La loi du 9 décembre 1905, dite de séparation, est en
réalité une loi organique de la Religion en France, et c'est
pour ce motif que, si nous voulons l'apprécier sainement,
il faut nous débarrasser en quelque sorte de toutes les contingences qu'elle entraîne et sur lesquelles elle a la prétention de statuer irrévocablement, pour la considérer
en ce qu'elle a d'essentiel et au point de vue des principes catholiques.

Cette loi fait suite à toutes les mesures précédentes ;
elle s'y relie par des attaches qu'il importe de saisir.
Quel était le plan de M. Combes, adopté et continué
par ses successeurs ? Ce fut de soustraire à l'action
juridictionnelle du Pape l'épiscopat français.

Deux moyens furent employés : la présentation des
candidats nommés par le gouvernement, sans aucune
entente préalable, devait entraîner forcément, d'après
M. Combes, l'institution canonique. Le Pape n'était
plus libre de refuser un sujet qui lui semblait indigne ;
c'était au ministre français à juger de cette indignité.
Serait-ce calomnier les blocards de penser et de dire
que, dans certains cas, l'indignité du sujet eut été le
motif déterminant de sa nomination ou présentation ?
Tout à l'heure nous parlions du Gouvernement de l'Eglise
par le Grand-Orient ; ce que l'on a pris peut-être pour
une boutade est la simple expression de notre pensée,
très réfléchie. Sans doute, Dieu ne permettra jamais cette
monstruosité ; mais ceux qui ont lu les mémoires de
l'abbé Barruel, ou Claudio-Janet, ou encore Mgr Delassus,

savent que l'un des points fondamentaux du programme maçonnique était, dès le XVIIIe siècle, de pénétrer par des voies occultes au sein de l'Eglise et jusqu'aux plus hauts rangs de sa hiérarchie. Tenons pour certain que ce projet n'est point abandonné et que, si un mandataire des Loges, pareil à M. Combes, avait pendant quinze ou vingt ans à sa discrétion la nomination des évêques dans un grand pays comme la France, en dehors de tout contrôle efficace de la papauté, il y aurait là, je le crains bien, un commencement de réalisation du programme maçonnique. Pie X ne l'a point voulu, et voilà pourquoi il aima mieux laisser vacants quinze évêchés que de subir les exigences de M. Combes.

Le second moyen, essayé par le gouvernement français, fut le retrait pur et simple de la citation adressée par le tribunal du Saint-Office à l'évêque de Laval. Un évêque nommé par le gouvernement et établi à la tête d'un diocèse français devait être, par le fait même, soustrait à la juridiction du Saint-Siège ; ou du moins cette juridiction, avant de l'atteindre, devait obtenir le *placet* du gouvernement. Cette tentative, quoique moins radicale que la première, une fois acceptée et consacrée par la cour romaine, eut été considérée, dans les sphères officielles, comme un précédent qui aurait eu force de loi, et il se serait bien vite répété. Que deviendrait un épiscopat qui irait prendre son mot d'ordre dans les antichambres d'un ministre franc-maçon et lui livrer, avant exécution, toutes les communications reçues du chef de l'Église ? Les évêques français n'auraient jamais voulu d'un pareil joug ; c'est en leur nom autant qu'au sien, que Pie X le repoussa par le document que nous avons cité et qui détermina la rupture.

On n'avait donc pu réussir à briser l'union des évêques avec le Pape, en d'autres termes, à décapiter l'Eglise ; il fallait l'attaquer d'une autre façon, en essayant de la démocratiser. Dans cette tentative on serait aidé, pensait-on, par le flot montant de la démocratie qui, après avoir envahi l'Etat, pourrait bien se rendre maîtresse de l'Eglise elle-même. C'est là tout le sens et la portée de la loi de séparation.

Au point de vue qui nous occupe, cette loi est tout entière résumée dans l'article 4 du titre II et dans les trois premiers articles du titre IV. Examinons d'abord ces derniers, consacrés à l'organisation des associations cultuelles. Le titre premier de la loi avait *détruit* toute l'organisation ecclésiastique et religieuse de la France, en d'autres termes, l'Eglise catholique française par ces quelques mots : « *Les établissements publics du culte sont supprimés.* » Ils devaient être remplacés par les sociétés cultuelles. Mais que seraient elles-mêmes ces cultuelles dont on a tant parlé depuis ? Des associations de 7, 15 ou 25 personnes, selon le chiffre de la population, formées en vue de l'exercice du culte. Ces associations pourraient, en se référant à la loi du 16 avril 1901, « constituer des unions ayant une administration ou une direction centrale ». Les sociétaires devaient être « majeurs, domiciliés ou résidant dans la circonscription religieuse », c'est-à-dire, dans la paroisse.

Voilà toute l'organisation religieuse de la France d'après la loi de décembre 1905 ; il n'y est question ni de Pape, ni d'évêques, ni de curés, ni de vicaires, ni de prêtres d'aucune sorte. Tout cela ne compte pour rien ; légalement, tout cela n'est rien ; l'Etat n'en connaît rien ; ce qu'il connaît, ce sont ces petites sociétés paroissiales, nécessairement composées de laïques, du moins en majorité. Libre à elles de se fédérer ou de former une sorte d'administration centrale directrice, mais qui ne leur enlèvera ni leur autonomie, ni leur responsabilité envers l'Etat, car l'Etat en demeurera le maître et exercera un contrôle sur leurs finances ; défense leur est faite de posséder en dehors des limites prescrites par la loi et très restreintes.

De plus, afin de faire prédominer la démocratie, les foules, ces petites sociétés cultuelles de 7, 15, ou 25 membres en vue d'organiser le culte, devront chaque année soumettre à la grande association paroissiale constituée autour de ce noyau, « les actes de gestion financière et d'administration légale accomplis par les directeurs ou administrateurs. » Il appartiendra à l'assemblée générale de l'association de les approuver ou de les rejeter. Ainsi, dans ses actes administratifs et sa gestion financière, chaque paroisse redevient libre à l'égard de l'administration centrale et directrice, c'est-à-dire, dans l'espèce, de l'administration diocésaine ou épiscopale. Elle accepte d'elle ce qu'elle veut, pourvu qu'elle se montre d'autant plus docile envers l'Etat et dépendante de ses règlementations très nombreuses et très strictes, édictées dans cette loi du 9 décembre 1905.

Cependant le bon sens indique qu'il n'y a pas de culte sans ministres de ce culte, et, puisqu'il s'agit du culte catholique, sans prêtres. De plus, il n'y a pas de prêtres catholiques sans évêques qui les aient ordonnés et qui soient chargés de les gouverner. Il n'y a point d'évêques catholiques sans Pape qui ait au moins assigné les sujets soumis à leur juridiction, s'il ne leur a communiqué cette juridiction elle-même ! Et toute la question hiérarchique revient et s'impose ; l'Eglise catholique est un corps organique et vivant, et il ne demeure vivant qu'à la condition de demeurer organisé. Que devient cette hiérarchie d'après la loi du 9 décembre 1905 ?

Cette loi l'ignore, avons-nous dit. Cependant elle la sous-entend en quelque sorte, dans ces mots vagues de son article 4 (titre I) : Les associations « se conformeront aux règles d'organisation générale du culte dont elles se proposent d'assurer l'exercice ». Pratiquement, à s'en tenir à l'économie générale de la loi, cela veut dire que les associations cultuelles pourront avoir, à leurs gages, les ministres nécessaires pour la célébration de leur culte, ministres que d'ailleurs la loi ne connaît pas autrement que pour les surveiller, les frapper et, pour rendre solidaires de leurs prétendues fautes les directeurs eux-mêmes de l'association.

Les évêques, aussi nécessaires que les curés, s'arrangeront comme ils pourront de ces unions des associations autorisées ou tolérées en vertu de l'article 20. Je dis tolérées, car, on ne l'a pas assez remarqué, les associations *peuvent* constituer ces unions, mais elles n'y sont point *obligées*. On me dira que cela résulte de l'article 4 (titre II), qui prescrit vaguement l'organisation d'après les règles générales du culte : oui, mais pour mettre un peu d'ordre et de cohésion dans cette loi incohérente et mal faite, il eût fallu énoncer pareille obligation à cet article 20, ce que n'indique pas le mot *pouvoir*. De plus, j'ai fait observer que les prérogatives de l'assemblée générale et annuelle des associations paroissiales annulaient, de fait, cette direction centrale, tolérée par l'article 20. Et enfin, pour couronner ce monument d'ineptie et d'iniquité, on subordonne, de fait, le fonctionnement des sociétés cultuelles au Conseil d'Etat, chargé de statuer sur les contestations et conflits qui viendraient à naître, ce qui est une autre manière d'anéantir l'autorité épiscopale.

Telle est la loi dans ses parties essentielles, délibérées et votées dans le but de frapper l'Eglise à ses centres vitaux, et par suite, de la tuer.

Et le reste de cette loi de brigandage le montre assez : ou l'Eglise catholique se laissera enfermer dans cette multitude de sociétés cultuelles, pour y être lentement étouffée sous la pression des pouvoirs publics, ou on la dépouillera de tout ce qu'elle possède ; on lui enlèvera tous les moyens normaux de remplir sa mission et, par mesures préventives, on l'empêchera de se reformer les ressources les plus indispensables. Il y a environ 50.000 édifices religieux sur la surface de ce pays ; tous ont été

élevés par la foi des générations catholiques. Les plus
anciens remontent par delà le moyen-âge ; nos grandes
cathédrales qui plongent leurs racines de granit dans les
entrailles du sol, pour s'épanouir dans la splendeur de
leurs arceaux audacieux, de leurs voûtes sublimes, avec
leurs vitraux et leurs roses aux mille couleurs, portent
tellement l'empreinte religieuse et catholique dans les
moindres détails de leur architecture, qu'il est bien impossible de la leur enlever en les désaffectant. A moins
qu'on ne les abatte avec de la dynamite ou autres explo-
sifs, elles demeureront debout, comme une protestation
éternelle. Qu'on les laisse crouler sous l'usure du temps,
et leurs ruines rediront plus éloquemmment encore combien furent monstrueux les attentats de ce gouvernement qui leur porta les premiers coups. Les humbles
églises de village ont, elles aussi, leur physionomie propre
qui révèle la destination pour laquelle elles furent élevées, avec les deniers des petits et des pauvres.

La loi de décembre prescrit que tous ces édifices
passent en la possession de l'Etat, du département et des
communes, pour être séquestrés, profanés et vendus, au
cas où les sociétés cultuelles seraient repoussées par
l'Eglise catholique. Les portes en seront brisées et on
pénétrera par effraction dans leur enceinte ; les orne-
ments qui servaient à la célébration de nos mystères
seront souillés et serviront à d'ignobles mascarades. On
s'emparera, çà et là, des vases sacrés eux-mêmes et des
reliques de nos saints. Les châsses qui les contenaient et
les objets d'art de quelque valeur deviendront la proie
de brocanteurs juifs ou enjuivés, qui sauront bien se les
approprier au besoin par le vol. Tout cela s'est déjà vu
et se verra encore ; ce sont les conséquences prévues et
voulues de la loi de séparation.

On jettera nos évêques à la porte de leurs maisons, les
élèves des grands et petits séminaires hors des établissements où ils se préparaient au sacerdoce, les curés hors

de ces humbles presbytères, dont chaque pierre apportée par les paroissiens redisait l'attachement de ces pauvres fidèles au pasteur qui consentait à vivre au milieu d'eux, de leur propre vie, à partager leurs joies et surtout leurs peines, à pleurer de leurs larmes, à consoler leurs tristesses et leurs deuils.

Ce n'est pas tout, ces établissements publics du culte supprimés au titre I de cette loi de malheur, menses épiscopales, fabriques, petits et grands séminaires, s'étaient enrichis au cours des siècles de fondations faites par des catholiques généreux et fervents qui, par leurs donations et leurs sacrifices, avaient voulu s'associer à leurs œuvres, au bien qu'ils réalisaient. L'Etat rapace mettra la main sur tout ; il s'appropriera tout par le vol légal, que je trouve cent fois plus hideux et plus criminel que celui que commet, au coin d'un bois, un individu qui a faim ou qui veut jouir sans travailler.

Mentionnons enfin, pour ne pas être trop incomplet, la suppression du budget des cultes qui était une dette sacrée de l'Etat envers l'Eglise, ainsi que l'a si bien démontré M. de Salinis, dans une intéressante brochure (1) dont je voudrais pouvoir reproduire ici les passages principaux. Tout le monde sait bien que l'insuffisant salaire promis au clergé n'était qu'une partie minime de l'intérêt des biens ecclésiastiques, confisqués par la Révolution. La Constituante elle-même le reconnaissait lorsque, le 4 novembre 1789, elle décidait, par 568 voix contre 346 et 40 abstentions ; 1° que tous les biens ecclésiastiques étaient à la disposition de la nation, à la charge de pourvoir, d'une manière convenable, aux frais du culte, à l'entretien de ses ministres et au soulagement des pauvres, 2° que dans les dispositions à prendre pour subvenir à l'entretien des ministres de la religion, il ne pourrait être assuré à la dotation d'aucune cure, moins

____

(1) *La Dette Sacrée de l'État envers l'Église* (chez Lethielleux).

de 1.200 livres par année, non compris le logement et le jardin en dépendant. »

Je le sais, la Convention entraînée par le mouvement révolutionnaire revint sur cette mesure, malgré Robespierre qui lui disait : « Pouvez-vous compter pour rien le manquement à la foi publique donnée aux ministres du culte actuels, au nom de la liberté même, par les premiers représentants du peuple ? Ne craignez-vous pas que leur désastre paraisse d'un sinistre présage à tous les créanciers d'Etat ? »

Le concordat, par son article 14, ne fait donc que rétracter une mesure de la Convention et revenir à la législation de 1789, et encore avec une extrême parcimonie ; car les 1.200 livres promis à chaque curé sont remplacés par « un traitement convenable », en réalité fort inférieur aux stricts besoins, et c'est à cette condition que le Pape abandonnait toutes revendications sur les biens aliénés.

Les blocards de 1905 en reviennent purement et simplement aux procédés des conventionnels, par cet art. 2 : « La république ne subventionne aucun culte. » Et comme ils ont peur d'être démentis et condamnés par le peuple et ses représentants, dans les conseils communaux et départementaux : défense est faite à ces derniers d'accorder la moindre subvention aux ministres de la religion catholique, la seule visée, en définitive. Bien plus les blocards associeront ces conseils à leurs brigandages, en les contraignant à recevoir une partie du butin, édifices et fondations religieuses.

III. — CONDAMNATION DE LA LOI DE SÉPARATION
EFFETS DE CETTE LOI.

Rarement l'Eglise et son chef se sont trouvés dans une situation plus angoissante et plus dramatique, si je l'ose dire, que celle qui leur a été créée par cette loi. Pour

le comprendre, il importe d'en saisir tous les éléments ;
ne perdons pas de vue les longues et lointaines prépara-
tions de cette loi, de la part du gouvernement français,
ces étapes savamment graduées dont chacune l'appro-
chait du but parfaitement arrêté, toute cette interminable
série de destructions déjà consommées. Et, en regard, il
faut mettre les illusions d'un si grand nombre de catholiques, leur obstination à fermer les yeux à l'évidence
même et à se tromper sur les projets et la tactique de
nos pires ennemis. Cet opportunisme du plus mauvais
aloi avait énervé toutes les volontés, paralysé et rendu
inutiles les essais de résistance tentés par un trop petit
nombre sans accord préalable au moins suffisant, et con-
trariés par des dissentiments de toute sorte, et tout d'a-
bord et principalement par ces dissentiments doctrinaux
dont la récente encyclique *Pascendi dominici gregis* a
révélé à beaucoup toute la perfidie et toute la portée.

Jamais peut-être on ne mesurera exactement l'influence désastreuse de ce mouvement d'idées, dans les
circonstances politiques et sociales où il s'est produit, la
part qui lui revient dans tous nos malheurs, sa sourde
complicité avec les ennemis de la foi et de l'Eglise. Ce
n'est pas lorsque l'hésitation et le doute s'introduisent
partout, qu'il devient aisé de recruter, au sein de la mêlée,
des soldats assez décidés, assez fermes, pour défendre
jusqu'au bout le drapeau catholique.

Telle était la situation, lorsque la loi de malheur arriva
à Pie X dans cette Rome, au fond de ce palais du Vati-
can, où aboutissent toutes les affaires religieuses du
monde. La psychologie de Pie X est encore à faire et il
serait sans doute prématuré de l'entreprendre. Personne
ne lui déniera, ce me semble, un sens pratique très sûr et
très exercé ; c'est l'homme d'action par excellence, qui a
vu de près et palpé de ses mains la réalité contemporaine, je veux dire, tout ce qui intéresse l'Eglise. Il se
rend un compte exact des faits, des mouvements qui la

heurtent et contrarient son action. Toutes ces contingences sociales, politiques en même temps que religieuses, sont analysées avec une sûreté qui se révèle presque à chaque ligne qu'il écrit.

Qu'on lise par exemple les deux documents que j'ai sous les yeux, sa double réponse à la loi de piraterie et de brigandage du 9 décembre 1905, l'Encyclique *Vehementer nos*, du 11 février 1906, et la lettre du 10 août de la même année, *Gravissimo officii*. Il ne se fait pas la moindre illusion, ni sur la nature et la portée de la loi, ni sur ses dispositions les plus entortillées et les plus ténébreuses, sur toutes les réticences qu'impliquent certains textes vagues et louches. Il connaît à fond les projets des hommes qui l'ont édictée, il a suivi d'un regard pénétrant toutes leurs menées, même les plus occultes. Ainsi renseigné il entrevoit leurs violences à venir ; du cabinet de travail où il écrit ces deux documents, Pie X perçoit les bruits les plus lointains ; les blasphèmes et les menaces que nos fiers blocards ont tant de fois hurlés au cours de la discussion de la loi maudite, arrivent à ses oreilles. Il entend aussi à l'avance le fracas des portes de nos édifices sacrés, qui s'écroulent sous les coups des cambrioleurs officiels. Son regard paternel s'arrête sur ces malheureux officiers français, contraints de participer à ces violences et rougissant, malgré eux, alors même qu'ils n'avaient pas le bonheur de posséder la foi, de l'outrage fait à leur honneur militaire. Oui, Pie X a prévu et entendu tout cela ; sa pensée s'est arrêtée douloureusement sur le long passé historique que la France officielle était en train de renier. La chaîne des temps semblait se briser, et un abîme profond et comme infranchissable se creuser entre les siècles écoulés et les sombres profondeurs d'un avenir qui effraie. Les ennemis de l'Eglise avaient eu cette perfidie cruelle, de paraître laisser à Pie X le soin et la responsabilité de porter le dernier coup à l'enchaînement historique qui était sur le point de se rompre. Tout dépendait en apparence des lignes que sa plume allait tracer ; en réalité le forfait était perpétré et il retombera de tout son poids sur la tête des Jacobins qui en sont les véritables auteurs.

Le Pape a vu tout cela et, avec son sens pratique, il s'en est parfaitement rendu compte. Il en a aussi atrocement souffert parce que, chez lui, le cœur a des tendresses ineffables et une exquise sensibilité. Certaines phrases de son Encyclique *Vehementer* et plus encore peut-être de sa lettre du 10 août, ont été écrites avec des larmes et, pour redire une expression de saint Augustin qui est ici tout-à-fait à sa place, avec le sang le plus chaud de son cœur aimant et dévoué. De même qu'il avait suivi du regard et en pleurant, les religieux français et plus encore les pauvres et inoffensives religieuses sur les routes de l'exil ; de même il voyait déjà de pauvres curés de villages, arrachés à la tranquillité de leurs presbytères et jetés sur le chemin, contraints de demander une hospitalité précaire à des paroissiens qu'ils compromettaient, par le fait même, devant les persécuteurs triomphants. Son cœur s'est attendri davantage encore et il a souffert d'une plus intense douleur, quand les jeunes clercs, l'espérance de l'Eglise et les futurs ouvriers des réparations nécessaires, brutalement violentés, ont dû chercher loin du toit qui les abritait, un peu de recueillement et de paix pour étudier, prier et se préparer aux rudes et triomphants combats à venir.

Telle fut la vision pontificale en ces heures d'angoisses ; elle n'ébranla pas le courage de Pie X. C'est que, chez lui, une raison haute et calme, éclairée par la foi la plus ardente, domine tout, les émotions de la sensibilité comme les élans du cœur. A lire ses Encycliques, il me semble que l'auteur, avant de les écrire, avait en quelque sorte épuisé lentement toute l'amertume que lui apportèrent les événements contre lesquels il allait réagir. Il s'est dégagé de toutes ces émotions, ou plutôt des contingences douloureuses qui les avaient occasionnées. C'est alors qu'il domine et les hommes et les choses, de ces régions lumineuses et sereines où sa foi l'a transporté. Là il ne consulte plus que les principes éternels, cette tradition vivante et catholique qui lui apporte tout à la fois les angoisses de Gethsémani et les tortures du calvaire avec les gloires du Thabor et de la Résurrection, les enseignements du ciel avec les expériences de la terre, les certitudes divines et humaines qui en sortent et qu'il a la charge de communiquer à tous. A l'heure où tout s'obscurcit et chancelle, où presque personne ne voit bien exactement en quoi consiste le devoir, peut-être dans la crainte des difficultés excessives, énormes, que nécessitera son accomplissement, le Pape entend à nouveau l'ordre que le Christ intima à saint Pierre : *Et tu aliquando conversus confirma fratres tuos*. Ainsi a fait Pie X.

« C'est pourquoi nous souvenant de notre charge apos-
« tolique et conscient de l'impérieux devoir qui nous
« incombe, de défendre contre toute attaque et de main-
« tenir dans leur intégrité absolue les droits inviolables
« et sacrés de l'Eglise, en vertu de l'autorité suprême que
« Dieu nous a conférée, Nous, pour les motifs exposés
« ci-dessus, nous réprouvons et nous condamnons la loi
« votée en France sur la séparation de l'Eglise et de
« l'Etat comme profondément injurieuse vis-à-vis de
« Dieu qu'elle renie officiellement, en posant le principe
« que la République ne reconnaît aucun culte. Nous la
« réprouvons et condamnons comme violant le droit na-
« turel, le droit des gens et la fidélité publique, due aux
« traités ; comme contraire à la constitution divine de
« l'Eglise, à ses droits essentiels et à sa liberté ; comme
« renversant la justice et foulant aux pieds les droits de
« propriété que l'Eglise a acquis à des titres multiples
« et, en outre, en vertu du concordat.

« Nous la réprouvons et condamnons comme grave-
« ment offensante pour la dignité de ce siège apostolique,

« pour Notre Personne, pour l'Episcopat, pour le clergé
« et pour tous les catholiques français.

« En conséquence, nous protestons solennellement
« et de toutes nos forces contre la proposition, contre le
« vote et contre la promulgation de cette loi, déclarant
« qu'elle ne pourra être jamais alléguée contre les droits
« imprescriptibles et immuables de l'Eglise, pour les
« infirmer. »

Certes, cette réprobation est énergique et absolue.
Quel en a donc été le motif déterminant ? N'en doutons
pas, ce sont les sociétés cultuelles :

« Contrairement aux principes, la loi de séparation
« attribue l'administration et la tutelle du culte
« public, non pas au corps hiérarchique divinement
« institué par le Sauveur, mais à une association de per-
« sonnes laïques. A cette association elle impose une
« forme, une personnalité juridique et, pour tout ce qui
« touche au culte religieux, elle la considère comme ayant
« seule des droits civils et des responsabilités à ses yeux.
« Aussi est-ce à cette association que reviendra l'usage
« des temples et des édifices sacrés ; c'est elle qui possè-
« dera tous les biens ecclésiastiques, meubles et immeu-
« bles ; c'est elle qui disposera, quoique d'une manière
« temporaire seulement, des évêchés, etc... Quant au
« corps hiérarchique des pasteurs, on fait sur lui un
« silence absolu... Ces associations cultuelles seront vis-
« à-vis de l'autorité civile dans une dépendance telle
« que l'autorité ecclésiastique, et c'est manifeste, n'aura
« plus aucun pouvoir... Quand la loi (de séparation)
« attribue la juridiction suprême de ces associations au
« Conseil d'Etat et qu'elle les soumet à toute une série
« de prescriptions en dehors du droit commun, qui ren-
« dent leur formation difficile et plus difficile encore leur
« maintien ; quand après avoir proclamé la liberté du
« culte, elle en restreint l'exercice par de multiples ex-
« ceptions ; quand elle entrave la prédication de la foi et

« de la morale catholiques et édicte contre les clercs un
« régime pénal sévère et d'exception... etc. »

Pour tout résumer, en quelques mots, tout est mauvais
dans cette loi de séparation, parce que tout y est inspiré
par la haine du catholicisme ; mai ce qu'il y a de pire,
ce qu'il y a de tout à fait inacceptable, c'est cet essai
hypocrite de transformer l'Eglise catholique en une sorte
de presbytérianisme ou de laïcisme protestant, à la
manière nouvelle et moderniste.

Après cette Encyclique, pourtant si énergique dans sa
réprobation, les outranciers de la conciliation continuèrent
à parler d'accommodements, et à en rechercher les conditions possibles et acceptables. Leur argument principal, celui qui impressionna le plus l'esprit public, fut le
rapprochement qu'ils établirent entre ces sociétés cultuelles et le régime accepté en Prusse. Ils ne craignirent
pas, pour entraîner l'opinion, de fausser la vérité sur des
points tout à fait essentiels, en dissimulant par exemple
avec soin la reconnaissance explicite des droits de l'épiscopat catholique, très nettement formulée dans la loi
prussienne ; bien plus, la force publique mise au service
de l'autorité épiscopale en certains cas déterminés et
d'une suprême importance. Cela suffisait pour creuser
un abîme entre ces deux législations ; nos modernistes
refusèrent de le voir, et firent tous leurs efforts pour im-
poser leurs opinions à l'assemblée des évêques qui devait
en délibérer.

Que se passa-t-il dans cette assemblée ? Nous en savons très peu de chose, attendu que ses délibérations
furent secrètes, comme de juste. Nous sommes cependant
certains que les sociétés cultuelles, selon la formule de
la loi de séparation, furent réprouvées et condamnées
unanimement ou à peu près. Mais ne pouvait-on en corriger les vices, en combler les lacunes, y introduire, bon gré,
mal gré, assez de principes et de vérités catholiques pour
les rendre tolérables ? Telle est la question qui s'imposait

à la conscience des évêques français, et l'on comprend très bien qu'ils l'aient examinée fort attentivement. S'il fallait en croire des indiscrétions regrettables et peut-être même une trahison voulue (1), les évêques auraient soumis au Pape un projet de statuts organiques pour les associations cultuelles. Dans quelle mesure ce projet fut-il accepté au sein de l'assemblée ? Je n'en sais rien et n'ai pas à le rechercher ici. Je le prends tel qu'il parut dans certains journaux, tel que l'a reproduit M. Gayraud, dans sa brochure : *Questions du jour* (2).

Cette tentative suprême de conciliation est, après la condamnation de Pie X, la démonstration, à mes yeux, la plus forte de la perversité intrinsèque et de l'inacceptabilité absolue de la loi de séparation. On a appelé les sociétés qui se seraient constituées sur ce patron, *canoniques et légales*. Ces deux épithètes se repoussent et se contredisent. Ces sociétés, en devenant catholiques au moins par hypothèse, auraient cessé d'être légales. Et en effet, leurs statuts disaient au titre II : constitution de l'association : « Tous les membres de la dite association... reconnaissent comme *obligatoires en dehors* des dispositions de la loi du 9 décembre 1905, toutes les règles et prescriptions de l'Eglise, spécialement celles qui concernent l'administration des biens ecclésiastiques. Elles s'engagent à s'y conformer strictement, ainsi qu'à toutes les décisions émanées des autorités ecclésiastiques légitimes. »

Nonobstant les intentions des rédacteurs de ce projet, cette promesse d'obéissance à toutes les décisions émanées des autorités ecclésiastiques légitimes, était, non pas *en dehors* des dispositions de la loi du 9 décembre, mais

---

(1) Certains actes subséquents feraient croire à celle-ci.

(2) Il y a eu trois réunions plénières des évêques, le 31 mai, le 7 septembre 1906 et le 15 janvier 1907. C'est dans l'assemblée du 31 mai que fut rédigé ce proje' de statuts canoniques et légaux, rejeté par le pape dans sa lettre du 10 août.

en contradiction essentielle avec plusieurs dispositions de cette loi et avec l'esprit général de la loi tout entière. Supposons par exemple un conflit quelconque au sein de l'une de ces sociétés cultuelles, une rupture entre ses propres membres, tous auraient été contraints de reconnaître comme obligatoire la décision, non pas des autorités ecclésiastiques légitimes, mais du Conseil d'Etat. Ce seul article 4 (titre II) du projet, aurait dû le faire repousser par l'autorité civile ; et si celle-ci l'eût accepté tout d'abord, en fermant les yeux sur ce qu'il avait d'illégal, afin de faire passer la loi de séparation dans les pratiques catholiques, bientôt ce qu'il y avait d'illogique et de contradictoire entre cette loi et ces statuts canoniques mais illégaux, aurait éclaté à tous les regards. La lutte eût recommencé, et l'Eglise, maladroitement engagée dans l'engrenage forgé par nos blocards, y eût été irrémédiablement broyée.

Pie X ne l'a pas voulu ; il s'en exprime ainsi dans sa lettre : *Gravissimo officii*, 10 août 1906 :

« Nous voyons que nous devons pleinement confirmer « de notre autorité apostolique, la délibération *presque* « *unanime* de votre assemblée.

« *C'est pourquoi, relativement aux associations cultuelles,* « *telles que la loi les impose, nous décrétons qu'elles ne* « *peuvent absolument pas être formées sans violer les droits* « *sacrés qui tiennent à la vie elle-même de l'Eglise.*

« Mettant donc de côté ces associations que la cons- « cience de Notre devoir Nous défend d'approuver, il « pourrait paraître opportun d'examiner s'il est licite « d'essayer, à leur place, quelque autre genre d'associa- « tion à la fois légal et canonique, et préserver ainsi les « catholiques de France des graves complications qui les « menacent. A coup sûr, rien ne nous tient dans l'an- « goisse autant que ces éventualités ; et plût au ciel que « nous eussions quelque faible espérance de pouvoir, « sans heurter les droits de Dieu, faire cet essai et déli-

« vrer ainsi nos fils bien-aimés de la crainte de tant et de
« si grandes épreuves. Mais, comme *cet espoir Nous fait*
« *défaut*, LA LOI RESTANT TELLE QUELLE, nous déclarons
« qu'il n'est point permis d'essayer cet autre genre d'asso-
« ciation, *tant qu'il ne constera pas d'une façon certaine et*
« *légale* que la divine constitution de l'Eglise, les
« droits immuables du Pontife romain et des évêques,
« particulièrement sur les édifices sacrés, seront irré-
« vocablement, dans les dites associations, en pleine
« sécurité. Vouloir le contraire, Nous ne le pouvons pas
« sans trahir la sainteté de notre charge, sans amener la
« perte de l'Eglise de France. »

Cette lettre décisive se termine par des conseils ou
plutôt des ordres aussi clairs et aussi précis que les circonstances permettaient de les donner, et, au milieu de
ces conseils, je relève une constatation nette et franche,
elle aussi, suivie d'une plainte douloureuse qu'il est
difficile d'entendre sans être ému jusqu'aux larmes :
« Les fabricateurs de cette loi injuste ont voulu en
« faire une loi, non de séparation, mais d'oppression.
« Ainsi ils affirmaient leur désir de paix, ils promettaient
« l'entente et ils font *à la religion du pays une guerre*
« *atroce*, ils jettent le brandon des discordes les plus
« violentes et poussent ainsi les citoyens les uns contre
« les autres, au grand détriment, comme chacun le voit,
« de la chose publique elle-même.

« Sûrement ils s'ingénieront à rejeter sur nous la faute
« de ce conflit et des maux qui en seront la conséquence.
« Mais quiconque examinera les faits dont nous avons
« parlé dans l'Encyclique *Vehementer nos*, saura recon-
« naître si nous méritons le moindre reproche, nous qui,
« après avoir patiemment souffert, *par amour pour la*
« *chère nation française, injustices sur injustices, sommes*
« *mis finalement en demeure de franchir les saintes et*
« *dernières limites de notre devoir apostolique, et décla-*
« *rons ne pouvoir les franchir*, ou si plutôt la faute

« appartient tout entière à ceux qui, en haine du nom
« catholique, sont allés jusqu'à de telles extrémités. »

Ce que le Pape avait prévu est arrivé ; les ennemis
ont tout fait pour rejeter sur lui la responsabilité de la
rupture, et, ce qui a dû lui être plus cruel, des catholiques en très petit nombre, des prêtres mêmes, plus
soucieux des intérêts de leur démocratie que de ceux de
l'Eglise, se sont associés aux récriminations des politiciens, auteurs de la loi. Ils ont poussé l'impudence jusqu'à vouloir trouver une affirmation mensongère dans
l'admirable lettre du 10 août, constatant la « délibération presque unanime » de l'assemblée épiscopale pour
le rejet des *associations* cultuelles, telles *que la loi les
impose.* » Ces habiles gens n'ont pas su lire la disjonction
si nette que le Pape établissait entre les sociétés cultuelles,
repoussées par lui et l'épiscopat, et le projet de
statuts qu'on lui soumettait. Il n'avait point à faire
connaître ce projet au public, lui Souverain Pontife,
puisqu'il le repoussait et que les séances de l'assemblée
épiscopale où les statuts avaient été délibérés, s'étaient
tenues dans un secret absolu. Le Pape témoignait par là
de sa paternelle déférence, et, si je puis dire, de son respect pour les évêques plus ou moins nombreux qui, dans
l'angoisse de leur conscience et le désir d'écarter des
maux trop faciles à prévoir, lui soumettaient ce dernier moyen dont ils le faisaient ou plutôt dont il était,
en vertu de son autorité apostolique, le juge suprême.
Il y a tout cela, si je ne me trompe, dans la rédaction de
l'Encyclique *Gravissimo officii,* et je plains ceux qui
n'ont pas su l'y voir, aveuglés par des préjugés et des
partis pris dont leur foi aurait dû les préserver.

En dépit de ces contradictions douloureuses, impuis-
santes, cette lettre du 10 août 1906 a été obéie avec une
ponctualité admirable par tout l'épiscopat, à une exception près, et par l'immense masse du clergé et des fidèles.
Pas la moindre hésitation ne s'est produite ; on a partout

attendu les persécuteurs avec une calme résolution et un inébranlable courage. Ils se sont rués à la curée, car c'était les biens ecclésiastiques qu'ils convoitaient et dont ils se sont emparés, comme ils avaient fait pour les biens des congrégations. Les scènes de dévastation que le Pape avaient prévues et que nous avons décrites un peu plus haut, se sont reproduites sur tous les points de la France, au milieu de la stupeur générale et aussi des protestations indignées des honnêtes gens. Le sang chrétien a coulé en plusieurs endroits, il y a eu mort d'hommes et ce n'est pas fini.

Les blocards ont remanié et complété leur loi de malheur, à je ne sais combien de reprises ; ils ont surtout accumulé décrets sur décrets pour en aggraver l'exécution. Quand les décrets ne suffisent pas, ils bâclent en quelques séances ce qu'ils appellent une loi interpréta tive, surtout lorsqu'une magistrature, cependant victime d'épurations sans cesse renouvelées, prononce contre eux dans le sens de la justice et du droit. Ainsi, tout récemment encore, des centaines de jugements avaient prononcé la révocation de donations et de legs, faits aux anciennes fabriques en vue d'assurer à leurs auteurs des messes et services funèbres, dont les liquidateurs refusaient de s'acquitter. Vite M. Briand, après avoir essayé, mais en vain, de peser sur les tribunaux par des déclarations publiques, scandaleuses, a soumis à la majorité blocarde du Sénat une loi déjà votée à la Chambre, dans le but de dispenser les départements et les communes, attributaires définitifs de ces legs et fondations, des charges pieuses dont ils sont grevés. On garde l'argent et l'on repousse les conditions sous lesquelles il avait été donné ; en bon français, cela s'appelle une loi de piraterie et de brigandage, qui organise le vol sans jamais parvenir à le justifier.

L'article le plus néfaste de cette dernière loi spoliatrice, est celui qui attribue la propriété et la possession

des églises aux départements et aux communes, sans
mentionner l'obligation d'abord reconnue de les laisser
aux catholiques. A l'heure actuelle, le curé n'est plus
qu'un occupant sans droit juridique ; le sera-t-il demain,
lorsque cette dernière loi interprétative aura été votée
par le Sénat et deviendra exécutoire? Je n'en sais rien.
La situation présente est précaire et intenable. Qui fera
à ces édifices les réparations urgentes? Les curés, simples
occupants? ils n'en ont pas le droit. Les communes?
elles n'y sont pas strictement obligées, et lorsque les
municipalités seront blocardes, elles s'en dispenseront
d'elle -mêmes et fort aisément. N'y seront-elles pas
poussées par les préfets qui voudront faire du zèle et
assurer leur avenir? Ces préfets n'empêcheront-ils pas
les municipalités de nuance conservatrice, d'inscrire à
leur budget les sommes afférentes à l'entretien de ces
immeubles qui leur appartiennent, comme ils les ont obligées à vexer les curés, en leur demandant un prix exa-
géré pour la location des presbytères?

En tout cas, c'est une sorte de guerre civile organisée
autour de presque tous les clochers, l'excitation à la formation de coteries rivales, d'autant plus haineuses et
acharnées les unes contre les autres, qu'elles sont plus
étroites et opèrent sur un terrain plus limité. Il n'y a rien
d'âpre et de malfaisant comme ces querelles de villages,
qui s'aigrissent d'intérêts inavoués et inavouables, de
vengeances parfois très enracinées et poursuivies sour-
dement à travers des générations successives, trop
fidèles à se les transmettre. Lorsqu'un pays tout entier
est en proie à de pareilles misères, il se désorganise, il se
défait ; le malaise est partout, la confiance ne se trouve
plus nulle part. Et lorsque la religion y est mêlée, cela
devient irrémédiable, car seule elle est la grande force
qui unit et qui apaise. Et la voilà transformée, bon gré,
mal gré, en dépit des efforts des ministres qui la représentent, en élément de discorde et de haine. Toutes les

idées d'ordre, de probité, de morale naturelle, de droits et de devoirs, sont attaquées et battues en brèche avec elle et comme elle ; en d'autres termes, tout ce qui fait la sécurité des personnes et des choses succombe en même temps, sous l'effort de ceux-là même qui devraient, de par leurs situations, en assurer le maintien. Ce sont en effet les représentants du pouvoir qui conduisent cette guerre contre tout ce qui est juste et honnête et, dans un pays civilisé comme le nôtre, leur influence est toujours très grande ; nos habitudes de passivité résignée et de servilisme séculaire et endémique, assurent presque partout leur triomphe définitif. Parmi eux, ce sont les plus violents qui prennent la tête ; il se fait une sorte de sélection à rebours et l'on voit se constituer dans les moindres villages l'aristocratie de la débauche, du vice, de la malhonnêteté sous les formes les plus basses, les plus répugnantes et les plus odieuses.

Tel m'apparaît le peuple que les blocards sont en train de nous faire, sur tout le sol de la France, au moyen de cette loi de séparation, qui est l'instrument le plus perfectionné de notre déchristianisation et de notre dissolution sociale.

IV. — Dernières observations

·Si tristes soient-elles, certaines observations s'imposent. La loi de malheur que nous venons d'apprécier s'est peu à peu élaborée sous des influences très multiples, toutes celles qui travaillent depuis longtemps à la désorganisation de notre pays. Quelques-unes demandent à être notées, celles qui se rattachent à *l'union pour l'action morale*, dont nous avons eu déjà l'occasion de nous occuper (1).

---

(1) Voir notre *Théologie du Nouveau Testament et l'Evo'ution d' dogme* (dernier chapitre).

A mesure que se poursuivait dans les Chambres la discussion de la loi de séparation et même auparavant, les principaux affidés de la société indiquée plus haut la débattaient, eux aussi, dans leurs conciliabules, et il ne faudrait pas croire que ce qui se disait là demeurât sans action ni influence sur la confection de la loi elle-même. Pour être édifié à ce sujet, il suffit de se rappeler les noms des principaux personnages, politiciens, universitaires, pasteurs protestants, publicistes et autres, qui travaillèrent de concert à élucider et à mettre au point leurs propres opinions. On y remarquait MM. Buisson, Jaurès, Millerand et jusqu'au leader des socialistes belges, Vandervelde... Allier, Aulard, Salomon et Théodore Reinach, Jean Reville, Paul Sabatier, Seignebos... toute une pléiade de pasteurs protestants, Paul Doumergue, Lacheret, Roberty, etc., etc., le sociologue israëlite Durkheim, des philosophes et hommes de lettres, Lanson, Rauh, etc., etc.

Tout ce monde dissertait à l'envie, autour de la question à l'ordre du jour, sous la présidence du joyeux sceptique que semble être Paul Desjardins. On le comprend, tous désiraient entendre, de la bouche même d'ecclésiastiques plus ou moins autorisés, une sorte d'écho de l'opinion catholique. Aussi avaient-ils fait appel, nous le croyons du moins, à tels membres fort estimables et universellement estimés du clergé parisien, qui eurent vite reconnu qu'ils n'avaient rien à faire dans cette galère. D'autres, les habitués de la maison, s'y plaisent beaucoup au contraire ; selon leur habitude, ils se montrèrent très empressés à donner leur avis. Nommons ceux qui se sont le plus dépensés : MM. les abbés Félix Klein et Hippolyte Hemmer, Dibildos, directeur de l'école Gerson. M. Laberthonnière y a un rôle très effacé ; Albert Houtin que l'on appelle toujours avec grande révérence *M. l'abbé*, articule de temps à autres quelques facéties, et le pauvre abbé Denis, des *Annales de philosophie chrétienne*, dut faire ses excuses de ne pouvoir assister même à la première réunion. Il y joignit une note où « en philosophe et non en prêtre ! » il esquisse un *credo* qui n'a rien de spécifiquement chrétien, et une sorte d'organisation sociologique qui rappelle vaguement l'Église catholique dont il fut le triste ministre.

Ce sont donc MM. Klein et Hemmer qui tiennent les premiers rôles.

Le texte du projet de loi fut déposé sur le bureau de la Chambre le 9 février 1905 ; les *libres entretiens* dont j'essaie de donner une idée prirent fin le 28 mai de la même année; la loi était définitivement votée quelques mois plus tard, le 9 décembre. Les *libres entretiens*, dont de très nombreux articles de journaux et de revues n'étaient que la reproduction ou l'écho, pouvaient donc influer sur la confection de la loi elle-même.

Vous pensez peut-être que les prêtres catholiques, égarés dans ce milieu où on les consulte, où, je ne sais combien de fois, on les prie de traduire la pensée de leurs coréligionnaires, et même, dans la mesure possible, de l'Eglise ; vous pensez que ces prêtres catholiques vont sans hésitation aucune, d'un mouvement spontané, désigner du doigt le vice rédhibitoire de la loi infâme, le principe schismatique, qui domine et corrompt tout le reste, ce qui demain la fera condamner et anathématiser par Rome et par tous les vrais catholiques !

Cela leur était d'autant plus aisé que des évêques les avaient devancés, notamment Mgr l'évêque de Quimper, et encore des jurisconsultes comme M. Théry.

Cette ligne de conduite était trop droite, trop sacerdotale, ou simplement trop catholique, pour être suivie par ces abbés. Ils en prennent une autre et, pour mieux égarer les laïques qui les écoutent, ils s'appliquent à combattre l'évêque de Quimper. « Mgr Dubillard, prononce sentencieusement M. Hemmer, ne paraît pas renseigné sur ce point avec assez de préci ion, — le fonctionnement des associations cultuelles — pour qu'il puisse affirmer l'incompatibilité du régime de ces associations et de la doctrine de l'Église touchant sa propre discipline ».

Et M. Buisson de répliquer immédiatement, non sans ironie : « Mais il n'y a pas de mystère sur le fonctionnement des sociétés cultuelles ; il sera réglé par les cinq premiers articles de la loi de 1901. »

Et moi, je noterai ici que M. Hemmer déplaçait la question ou, du moins, ne la considérait point au bon endroit. Ce n'est pas tant du fonctionnement des sociétés cultuelles qu'il s'agit, que de leur nature propre.

Que sont-elles ? voilà la question, et un catholique ne peut y répondre sans les condamner. M. Hemmer ne le fit point.

M. Klein formule seulement deux *desiderata*, relativement aux sociétés cultuelles : 1° qu'on n'y admette que des catholiques ; 2° que la majorité ne puisse changer les statuts, au point de les rendre hérétiques par exemple. »

Ce n'est pas se montrer exigeant : On lui concède le premier point ; on conteste le second. M. Klein se déclare satisfait. « Sur le premier point, qui est capital, je vois que nous nous entendons. Eh bien, ce point suffit pour que l'église puisse accepter l'association ». *Les libres entretiens*, p. 363.

Ainsi voilà un prêtre, professeur à l'Institut catholique de Paris, comme M. Hemmer du reste, qui, dans une réunion de libres penseurs où les politiciens ne manquaient pas, engage autant qu'il peut l'Église elle-même, alors que quelques évêques se prononçaient déjà dans un sens opposé, et, par le fait même, il poussait Buisson, Séailles et les autres à persévérer dans la préparation de la loi néfaste.

Lorsque le 28 mars de la même année 1905, les cinq

cardinaux français, Nos SS. Richard, Perraud, Coullié, Lecot et Labouré, eurent protesté contre ce projet de loi par une lettre au président de la République, nos abbés « des libres entretiens » ne modifient en rien leur attitude ; ils l'accentuent au contraire. Dans la réunion du 7 mai, M. Hemmer garde très longtemps la parole ; son but semble être de rassurer les libres penseurs qui l'écoutent, sur les suites de la séparation dont l'Église pourrait peut-être tirer quelque avantage. Ainsi le pouvoir pontifical n'en serait-il point accru au point de vue doctrinal, et au point de vue gouvernemental ou administratif ? premier et principal sujet de préoccupations pour les Aulard, les Séailles, les Buisson et autres sectaires.

Immédiatement nos abbés Hemmer, Klein et un troisième, s'appliquent à calmer leurs inquiétudes: M. Hemmer en atteste le droit canon, M. Klein la non-infaillibilité du Syllabus.

MM. les libres penseurs sont enchantés. Paul Desjardins le constate : « Votre conclusion, dit-il à M. Hemmer, surprendra quelques personnes qui en sont restées aux conclusions de la lettre des cardinaux. » (Sourires dans l'auditoire.)

M. Aulard dit à M. Klein : « Je crois reconnaître l'accent de vos paroles. C'est à peu près celui des abbés de la *Constituante*, avant la constitution civile du clergé. Ah ! si c'était l'accent de tout le monde, bien des difficultés seraient évitées. » (*Op. cit.* p. 407.)

Et M. Klein ne proteste pas contre ces paroles, très exactes du reste, mais qui contiennent pour lui une véritable flétrissure.

M. Aulard continue : « Nous sommes ici en présence de quelques ecclésiastiques qui *n'expriment point l'opinion du clergé de France*. Vous êtes, messieurs, les ouvriers de cette liberté intellectuelle dont vous avez parlé ; nous ne pouvons vous interroger que sur vos

espérances, non sur l'attitude que compte prendre l'Église.
M. X. a parlé d'une chose qui le préoccupe : jusqu'à quel
point, après la séparation, l'Église sera-t-elle une mo-
narchie absolue ! Cette question nous préoccupe tous.
M. l'abbé X.... croit que l'infaillibilité pourra se préciser ;
je ne sais pas.... je cherche à m'instruire, etc..... »

Pour que toutes les infirmités, toutes les illusions,
tous les égarements des catholiques, laïques et prêtres,
fussent représentés dans ces « libres entretiens », voici
M. Paul Bureau, professeur de droit à l'institut catholique de Paris, qui déclare se soucier fort peu « de
savoir si les évêques sont favorables à telle ou telle
doctrine sociale ou politique. L'histoire nous montre,
ajoute-t-il, que l'opposition de l'autorité à un mouvement qui a la vie en soi, a toujours été aussi favorable
à ce mouvement que l'eût été sa protection. » Et il en
donne comme exemple le socialisme qui, en dépit de
toutes les oppositions des pouvoirs publics, a grandi
et s'est fortifié, ce qui réjouit beaucoup M. Paul
Bureau. Aussi espère-t-il que tous les modernistes
comme Loisy, Laberthonnière, Le Roy et les autres,
progresseront et finiront par l'emporter sur « tous les
terrains, critique, historique, politique, social, économi-
que..... »(*Op. cit.* p. 504).

Est il besoin de faire remarquer que les opinions, les
doctrines, les faits et gestes de prêtres comme MM. Klein,
Hemmer et autres encore, de laïques comme Paul
Bureau, ont trop largement contribué à la confection de
la loi du 9 décembre 1905. C'est assez pour leur condamnation, et ce qui l'aggrave, c'est qu'ils n'ont rien
abandonné, aujourd'hui même, de leurs idées, rien perdu
de leurs illusions.

9 782376 641728